1.6秒決勝奧運金牌

跳水王子
湯姆·戴利
的彩虹人生

湯姆·戴利

張小蘋 譯

COMING UP FOR AIR

TOM DALEY

What I Learned From Sport, Fame And Fatherhood

For Robbie and Lance, whose love made
me fly higher than I ever thought possible.

獻給羅比和蘭斯，
你們的愛讓我能翱翔在自己無法預見的高度。

目錄

引言／*Introduction* 009

毅力／*Perseverance* 023

勇氣／*Courage* 055

接受／*Acceptance* 089

目標／*Purpose* 109

承受／Endurance 129
信心／Confidence 157
韌性／Resilience 173
寬容／Kindness 191
觀點／Perspective 229
動力／Motivation 271
樂觀／Optimism 293
謝辭／Acknowledgements 329

Introduction

引言

走向十公尺跳臺的盡頭時，我往下瞥了一眼。醒目的交錯環形與「倫敦二〇一二」（London 2012）的大字，從明亮的藍色池水中透上來。每一面牆上都有奧運布條，以及參賽國的國旗，我看到自己的臉出現在架於高臺上的每一個巨大螢幕中。現場的氣氛是緊張刺激的，有來自播音系統的雜音，還有觀眾的歡呼、尖叫與掌聲。這些聲音穿梭迴盪在有著圓頂建築與波浪形天花板結構的倫敦水上運動中心（London Aquatics Centre），幾乎可以說是震耳欲聾。

我緩慢平穩地吸氣。空氣中瀰漫著溫熱池水所散發出的濃重氯味，場內擠滿了緊張的觀眾。我必須非常努力地讓自己專注，因為我其實緊張到心臟都要跳出來了。

從離開跳臺到落入水中只有一．六秒的時間，而我一直都知道要達到那一．六秒的重要性。

是時候了：奧運決賽，也是我畢生以來一直夢想著，並為它努力著的那一刻。

哨音吹起時，現場瀰漫著一股不寒而慄的安靜。我只聽見溫和富有節奏的流水聲，以及水流進排水管的聲音。

我非常喜歡來自家鄉觀眾的加油聲，泳池邊有一萬八千人，並且英國國家廣播公司（British Broadcasting Corporation，簡稱ＢＢＣ）的主要頻道已經鎖定要轉播跳水。我知道自己背負著許多人的希望，數百萬雙眼睛從沙發上、廚房與花園裡，緊盯著我，還有現場評定我跳水動作的七位評審的專注目光，但這些壓力是正面的。它像是一股全能的腎上腺素，充滿爆發力。對大部分運動員來說，在奧運場上一較長短，是千載難逢的機會。在家鄉觀眾面前比奧運，是少數人才會有的經驗。我知道自己非常幸運，我只需要好好地享受當下，就像父親對我說的：「來個驚為天人的一跳吧！」

我正準備要做六個跳水動作中的第一跳——轉體跳水。這一跳是由一系列的動作所組成，我的身體會在空中像彈力帶般拉伸成不同姿勢：我往上跳，之後移動到轉體位置以完成兩圈半轉體動作，同時我還要完成兩圈半空翻。之後，我以尖銳的身形完成最後一個空翻，膝蓋打直，身體在腰部彎曲，入水之前，我的身體就像是一顆子彈。

在奧運之前，這是我最有把握的動作，並且我知道自己會做得很好。這是我較為困難的動作之一，但我執行得十分準確到位，所以分數很高。在每一項個人跳水競賽中，總共會有六個跳水動作：向前跳水，起跳時朝向前方；向後跳水，背對水面起跳；反身跳水，面對水池向前起跳，然後朝向跳臺（板）做反身旋轉；向內跳水，面對跳臺（板）起跳，向內旋轉跳水；臂立跳水；以及轉體跳水。其中，轉體跳水動作是每位菁英跳水選手都會做的。這個動作我一直很有自信能得分超過九十。轉體跳水一直是我選擇的第一個開賽動作，因為我知道這個動作能把我推到計分板上的前面位置。

我處於很好的局勢。

但隨著賽事的進行，許多小細節開始出差錯。我有時會過於後傾，姿勢笨拙地以側邊或肩膀入水，或是在跳水時出了差錯，四肢在空中胡亂揮舞擺動，完全不知道哪個方向朝上、哪個方向朝下。有一次，我很不優雅地以背部入水，發出很大的聲響；又有一次，我扭到了脖子。我的自信心就這麼逐漸消失，可能出錯的陰影在我腦海中揮之不去。

我在個人賽的部分挺過了預賽及準決賽，選手人數也從三十二人一路削減成十八人與最後的十二人。二〇〇八年奧運跳水冠軍馬修．米查姆（Matthew

Mitcham）在準決賽中落在慘痛的第十三名。這是絕對會發生的——六次跳水只要有一次不好，你就出局了——但我還在比賽裡撐著。我的預賽成績是我很長一段時間以來在參加過的所有比賽中數一數二糟的，十八個名次中排名第十五。隨著壓力上升，每位選手都比自己的前一跳表現得還要好，分數開始往上爬，計分板上的數字也在往上增加。撇開這些數字，那些稍早結束的賽事，在比完的那一刻就變得一點都不重要了。重要的永遠都是進入決賽。每一次的跳水都是完全獨立的。我知道在六次跳水結束後，我要麼成為奧運獎牌得主，要麼鎩羽而歸。

我起跳，翻滾，一手橫過身體，一手貼著頭，旋轉兩圈半，隨即迅速而精準地以屈體姿勢向前翻轉兩圈半。在跳水時，我必須高度警戒，並「偵測」水的狀況——我得看到一切才能計算轉了多少圈，才能知道自己的身體現在處於空中的哪個位置。我不是只朝著一個方向旋轉，而是有許多動作會在同一時間發生，我必須讓自己的身體像一個天生內建的指南針，能夠在對的毫秒時刻處於正確的位置。在那當下，我完全無法思考其他事情，只能完全專注於正在進行的事。那時的我，專注力必須高度敏銳，完全沒有眨眼甚至是呼吸的空間。整個世界在一種有組織的模糊中高速行進著。當我在翻轉或旋轉時，經常會看到其他東西——臉孔、牆上的閃光、海報，但我總能看到水；我必須能看到水，因為它是每個跳水池中恆常不變的存在。

當我旋轉並嘗試看著泳池時，被突如其來且毫無防備的攝影閃光影響，它們切斷了我的視線。我眨眼了，但在那關鍵的一．六秒裡是沒有時間讓我眨眼的。我感到十分迷惘，我的腦袋感覺像是脫離了我的身體。我落水的時間有點短，不太確定發生了什麼事。但我入水時，身體不是垂直的；這感覺有點糟，我知道自己做得並不好。

當我爬出水面時，朝著我的教練安迪．班克斯（Andy Banks）打了個手勢，他能看見到底發生了什麼事。我感受到身上的一股怒氣與不平。為了這一刻，我努力了這麼久，卻被某個人不經意地摧毀了機會。在任何跳水競賽中，觀眾都會不斷被告誡禁止使用閃光燈拍照。剛好在那一天，他們或許不了解這個指示的重要性，又或許他們不知道自己的閃光燈是打開的，也有可能是某些人的相機自動啟動了；根本就不可能知道原因。計分板上出現了分數，是非常一致的七分，而總分是七五．

六〇分，這個分數絕對不足以讓我有奪牌的機會。

安迪走向裁判，不久，也把我叫過去。在我的跳水生涯以來，從來沒有過這種經驗，直到那一刻，才不得不去找裁判。我嚇壞了。我幾乎不知道究竟發生了什麼事——就好像那一刻從我腦海中被抹掉了一樣——而我試著把問題反映給他。

我覺得自己幾乎要喘不過氣。

裁判看著我。

「我知道自己有地主國觀眾的優勢，也確實有許多家鄉的人們為我加油打氣，但這同時也是地主國觀眾的缺點，」我氣喘吁吁地說著，試著不要帶太多情緒去傳達我的論點，「他們很明顯沒有把相機的閃光燈關掉，使得我在整個跳水過程中受到極大的干擾。您能夠告訴他們要把閃光燈關掉，不要影響到其他選手嗎？」

「你有什麼要求？」他黝黑的眉毛向上揚起。

「請問我們可以重跳嗎？」安迪插話問道。

有那麼一刻，我覺得有罪惡感；現場的每個人——觀眾、在泳池另一邊的其他選手與他們的隊友，這些人全都在等我，而我是不是太小題大作了？或許我應該接受自己就是運氣不好而得到這樣的結果？還是這些問題裡的任何一個都不是我能控制的？此刻的我非常懷疑自己。

助理裁判走過來，他們聚在一起討論，之後較資深年長的裁判對著跳臺做了個手勢，告訴我可以重跳。

我十分震驚，瞪大的雙眼像是就要從頭顱裡迸了出來。我從未想過他會同意我重跳。

當你跳水失敗時，會經歷一個重新打破與重建整個動作的過程；你通常得從頭開始，可能會花上好幾個月的時間。但我只有幾秒鐘。

那時真的是壓力十分巨大，但我知道自己必須去做。我和其他人一樣，付出極大的努力才來到這裡。我很快地喝了一口水，然後盡速爬往十公尺高的跳臺，在抵達頂點前，試著再走一遍這熟悉的排練過程，並在腦海裡想像了幾次我跳水的畫面。

廣播系統傳出了一個聲音。

「各位先生女士請注意。湯姆．戴利經國際游泳總會（FINA，於二〇二二年更名為「世界水上運動總會」）許可重跳，他的上一跳因有人使用閃光燈攝影而受到影響。在此請您確保全程都不使用閃光燈攝影。請各位關閉閃光燈，或不要使用相機。非常感謝您的配合。」

只有幾分鐘時間就得拿出好表現的壓力，讓我有窒息的感覺。如果我之前就焦慮不安，腎上腺素所帶來的興奮感已經轉變成令人幾乎難以招架的恐慌感。現場人山人海，觀眾的雙眼看穿了我的眼睛。有些人只是揮手，並從看臺上幫忙加油；他們很明顯並不清楚到底發生了什麼事，只是很興奮能看到另一次跳水。在靠近泳池的一邊，我可以看到一些跳水隊的成員，他們將頭緊緊埋在大腿裡，以發白的拳頭緊抓著自己的耳朵，因為他們不敢看我，也不敢看接下來會發生什麼事。

每一種感知都被強烈地放大。我的心跳就像激烈的鼓聲直衝腦門，呼吸也相當急促。我試著專注於在腦中預演跳水步驟，並讓身體做好準備。我一邊顫抖著，一邊以吸水巾擦去身上的汗水與水氣，確保自己不會在跳水時滑倒。我能感覺到身體的重量，以及腳掌與處在跳臺邊緣的腳趾所乘載的重量，都是前所未有的沉重。我的視野突然變得銳利又狹窄，幾乎像個萬花筒；這種感覺就像自己身處在一個魚缸裡，而每個人都憤怒地敲著魚缸的玻璃。我必須竭盡所能地維持我的專注力，無論我覺得多麼難以呼吸。我知道自己不能急，不能犯下另一個完全是自己造成的失誤。我不能去想任何其他的事情。

那一刻最重要的就是跳水；我必須掌握住，否則我會崩潰。我深吸一口氣，相信自己，然後往空中一躍。

＊＊＊

儘管在那一跳後的幾個小時，我站上了頒獎臺，脖子上掛著的奧運獎牌帶有欣慰的分量，並有著最美妙的興奮心情，但接下來幾週甚至幾個月，是我經歷過最艱難的時期。得牌的美妙時刻，為之後數年複雜的改造歲月埋下了陰影。我當時十八歲，也是剛成年的歲數，有完全的自由與獨立性。

贏得獎牌的興奮之情是難以置信的，但也出奇短暫。我在二〇一二年倫敦奧運的亢奮經驗後，隨之而來的是奧運後的憂鬱潮：這股低到不能再低的低潮，持續的時間比我獲得獎牌的短暫勝利感要長得多。我重新跳水的那一刻所展現的巨大震撼，有時讓我覺得跳水是一件不可能做到的事。我對自己未來的走向非常不確定，也不知道這條路會帶我到哪裡，有很長一段時間我都是盲目地走著，一路跌跌撞撞，希望自己能做些什麼，任何事都好，只要能遠離泳池，因為我超級恐懼。我之前磨練出的專注力開始流失，就像從我指間穿過的沙子。

二〇一二年之後的日子裡，我克服了許多在跳臺上與跳臺下的阻礙。我遭受了非常痛苦與長時間的運動傷害，懷疑自己是否能繼續讓身體承受在跳水時會有的拍打、撞擊與痛楚。我曾經歷過腦震盪、手部骨折，以及讓我心力交瘁的病痛。二〇一二倫敦奧運的四年後，在里約奧運，我正處於巔峰，大家預期我會贏得金牌；但我在個人的準決賽遭到淘汰，經歷了一場非常公開的失敗。在家人與朋友的支持下，我重新振作，並在一年後以更強壯、健康的狀態重返世界游泳錦標賽，擊敗當時的世界第一。

二〇一三年在洛杉磯的一次偶然邂逅，我遇到了我的靈魂伴侶，無可救藥地愛上他，這讓我決定以自己的方式在網路上出櫃。我和他結婚，並有一個可愛的兒子；我們現在是一家人，我的看法有了改變，而且做了大幅度的調整。所有這一切都是在大眾與媒體主觀又緊迫盯人的注視下發生的，而我所從事的運動卻沒有被深入探討過。

我希望這本書能夠真切地反映出過去十多年發生過的一些很重要又富意義的時刻，這些時刻塑造了我，並指引我走向職業生涯與個人方向的成功與滿足。我已發展出一條能幫助自己達成目標的路徑，並汲取許多得來不易的教訓。在這本書裡，我希望能和你分享其中一些內容。

Perseverance

毅力

當我回顧自己二〇一二年奪牌的那一刻，就像是一卷在倒帶與快轉的電影膠卷，直到此刻我才能清楚看見它是如何影響我不斷向前的生命。

我在奧運重跳的那刻不只打擊了我的自信心：它還表現在許多面向上，並造成衝擊。贏得銅牌的即時亢奮感是無法言喻的。我完全沒有那次決賽的任何記憶，一切都十分模糊；除了我的重跳，以及我在最後一跳時雙手穿透入水所感受到的那股不可思議的興奮，沒有任何事情能深植在我腦海裡，我知道自己贏得了獎牌。

我覺得自己能夠像海豚般躍出水面，但在那之後，我遇到瓶頸，必須花很大的力氣去深入尋找自己內心深處儲備的能量與決心，那是我從來不知道自己真正擁有的。我只想到自己在二〇一二年倫敦奧運的優異表現，從未想過在那之後會發生什麼事。我甚至沒有想過，成為一名獎牌得主後，仍持續進行自己一直在做的同一件事，也就是不間斷地參加國際競賽，會有什麼感受——我從未料想到，身為一名奧運獎牌得主會為自己帶來多大的壓力。這很困難，但我還是堅持下去；持續訓練與跳水。這樣做的結果是，那段時間，我在個人與專業技術上都有很大的進步。

成功的路徑從來就不是線性的，但當你堅持下去並以毅力度過難關時，你就能做出改變，進而得到新局面。我就看過自己的職業生涯中經歷了許多次這樣的情形，在那些覺得訓練是無窮無盡的日子裡，但在二〇一二年以後就完全沒有這種感覺了。

奧運前的那個五月，我才剛滿十八歲，在經過超級嚴格的訓練後，我終於找到機會出去狂歡並讓自己樂在其中。經過這麼多年生活裡只有上學與訓練，只在學校與泳池間往返的日子，我終於能夠體驗一些正常年輕人該有的聚會與娛樂。但我還是接受著嚴格的訓練，並在奧運結束一週後就回到位於普利茅斯（Plymouth）的熟悉泳池，為將於十月舉行的世界青少年跳水錦標賽做準備。

我的轉體跳水開始成為很大的心理障礙，那些隱藏在我潛意識裡的擔憂，現在都清楚地浮出檯面。問題的癥結點是來自對跳水會出錯這件事的恐懼。以每小時三十五英里的速度並以錯誤的角度潛入水中，是非常嚴重的事。正確的跳水是優雅、力量與準確三者間的完美結合。

轉體跳水必須做出兩個不同的旋轉動作：第一個是在空翻動作之前，你的身體要像芭蕾舞者那樣，做出趾尖旋轉的動作，並在那條軸線上旋轉。有幾種不同的方式是你可以藉著改變身體的形狀來控制跳水的動作——在空翻時把身體拉直以減緩旋轉，或將自己的身體縮小以增加旋轉速度。在陸地與泳池裡不斷反覆練習這些動作的過程中，會讓肌肉產生記憶，鎖住並深化腦袋裡的神經路徑。在最佳狀態時，你的大腦就直接主導，讓你的身體幾乎是自動地做出跳水動作。運動員稱之為「心流狀態」（a state of flow），是一個你在心理層面上吸收了這個過程並能有效控制的最佳狀態，你正在潛意識的層次裡運作，並達到巔峰表現。

但你如果過度思考整個過程，並反覆思索哪裡會出錯，或哪裡可能會出錯，那將是一場災難。一旦你離開跳臺，跳水就在進行了，如果有任何一個環節出了差錯，你可能會骨折、肋骨斷裂、頭部受到撞擊並腦震盪，或是造成雙眼永久的傷害。

不久前，我在被我稱為「惡魔跳水」的轉體跳水遭遇到非常大的瓶頸。

經常是，我的身體無法離開跳臺。我每次都很想跳下去，但雙腳總是黏在跳水高臺上，動也不動。每一次的跳水都有可能出錯，但沒有旋轉動作的跳水，就很容易找出方法完成。有時候，我終於離開了跳臺，但我覺得自己會在空中失手，最後以失敗收場。我不確定自己朝哪個方向上升，我會如何落下，或者我身體的哪個部位會先接觸水面。我就像個布娃娃，飛到空中，為接下來的衝擊做好準備。

無論你為了把事情做好而接受多麼嚴格的訓練，當情況不對時，人類天性還是會主導一切，對此你無能為力；你會處於任由重力擺布的狀態，而你的大腦不斷告訴你要活下來。每當回想起那些時刻，我只記得持續不斷的拍打、撞擊與暴衝，然後以糟糕的姿態入水。那是殘酷的，而最糟糕的是，我知道必須要重整自己，並且要一次又一次地反覆重做，直到正確為止。

我當時的教練安迪，我生命中大部分時間都是和他合作，他盡全力在幫助我克服這個難關；他堅定而持續地告訴我要堅持下去，全力專注於這個過程，不要想其他事。

他第一次看我跳水時，我還是個緊張的七歲孩子，他目睹了我無數次的出錯，以及我如何克服心理障礙。當我在孩提時代遇到困難時，安迪都會告訴我，去想一些開心的事，就像虛構的童話人物彼得潘，以及美國電視情境喜劇《安迪．格里菲斯秀》（*Splash!*）裡達令家（The Darlings）的孩子們，為了飛翔，必須這麼做；因為這麼想，當我起跳時，也覺得自己會飛。當一切進行得非常順利時，我覺得自己就像是不費吹灰之力地翱翔在空中。

但現在不論如何努力，我的轉體跳水再也無法達到這種境界。我越執意要克服這個狀況，就越容易出錯，然後我就越恐慌。我不知道自己是否還能回到國際賽事，好好地和其他人一較長短。就像任何的恐慌循環，我就是無法掙脫這個困境；我覺得自己好像戴著球鐐跳水。

在每一個我完成跳水動作的訓練課程中，我會開心半個鐘頭，然後就開始恐慌，因為我知道幾天後就必須再做一次。我甚至在沒有特別針對這個跳水動作訓練時，都會感到擔心。那感覺就像是一個討厭的倒數計時器，告訴我要再做一次，然後我就會開始對我所能控制的每件事情起了執念，像是我的飲食、我的睡眠與訓練時間。

許多小事都會讓我恐慌不已，時間不夠會讓我充滿焦慮，我在走過泳池排水口與梯子底下時變得十分迷信。我必須在鬧鐘上設好特定的時間；我早餐一定要吃完全正確的食物；我會在絕對精準的時間離開；我不能走過三個排水口，或是走在走道的縫上；我必須以特定的音量聽音樂。

如果有任何事稍微不順我的意，或是沒有完全在對的那一刻進行，我就會感受到腎上腺素在體內激增，接著就會告訴自己，這意味著我的旋轉動作會出差錯。我就會呆站在那裡，下背不斷滲出斗大的汗珠，腦中不斷出現超級瘋狂的想法。

奧運結束後，幾個月的時間過去了，我仍處在一個極度害怕轉體跳水的狀態，我幾乎只是將自己的身體從跳臺的一側往下跳，做出旋轉動作，希望能有好結果。不意外地，結果是徹底的失敗。我厭惡訓練的每一刻。我的其他跳水動作還行，這讓我的恐懼有了一些喘息的空間，但我對轉體跳水的擔憂一直持續著。我幾乎對其他跳水動作有了過度補償心態，不斷重複練習這些動作直到完美。但因為失去了奧運這個訓練目標，我無法喚起任何動力、幹勁或動機以持續下去。每件事情都是一樣的：安迪給我相同的指示，並指導我的訓練；我每天都和同一批跳水選手一起，回去的家也是一如往常。但在我看來，發生了一個根本性的改變。

二〇一二年十月於澳洲阿德萊德（Adelaide）所舉辦的世界青少年跳水錦標賽，我只需要選五個跳水動作參賽，所以我能去掉轉體跳水。這讓我大大鬆了一口氣，而且我打敗了兩位優秀的中國跳水選手楊健與陳艾森，贏得了比賽。我知道如果我把轉體跳水放在清單上，極有可能會是截然不同的結果。日子一天天過去，我覺得自己試圖克服對這個跳水動作的恐懼的動力逐漸消逝。我就是覺得自己沒有力量做到這件事。我快瘋了。

二〇一三年，我經由英國游泳協會跳水隊的國家績效總監艾烈希．伊凡古洛夫（Alexei Evangulov）找到一位新教練——珍．佛古瑞多（Jane Figueiredo）。英國游泳協會是管理英國水上運動的組織，負責各種領域的菁英選手表現，當然也包含跳水。身為跳水項目的國家績效總監，艾烈希的工作是發展並管理團隊，以取得最佳表現與獲得最多獎牌。他每三週來看我一次，每個訓練營及每場賽事他都會出席。他有時候也會為我們拍攝影片，然後製作簡報為團隊或個人展示應該如何增進我們的表現。艾烈希知道我想搬到倫敦，在倫敦水上運動中心接受訓練。安迪的家人都在普利茅斯，而且他也在那裡訓練許多其他選手，所以他無法陪我到倫敦；而我的另一個教練——李鵬（Li Peng），已經定居在里茲（Leeds），所以我需要找一位新教練來協助我訓練。

當艾烈希提起珍時，我十分驚訝，但也非常興奮。她在美國訓練俄羅斯女子跳板跳水選手時，出了名的嚴格。她被選中是因為艾烈希非常喜歡她的技術方法、工作倫理與態度。她承認自己是「女魔頭」，而艾烈希覺得珍會把我推上另一個新高度。我決定去珍居住與工作的休士頓（Houston），在那裡待一星期，評估整個狀況。要成為我的教練，這對珍來說意味著會有極大的轉變，並且要搬去英國。要有成功的教練—運動員關係，是憑藉著有效的溝通與信任。這必須對我們兩人來說都是好的。

我當然想讓珍對我有深刻的印象，也讓我們有一個沒有阻礙的良好開始，所以我一開始並沒有告訴她關於我在轉體跳水所遭遇的障礙。她也看到了其他人在奧運會上見證的那一刻：我大步走回跳臺，重新跳出更高分的成績。那一跳很精采，但在那一刻之後，它所帶來的壓力，害怕被掏空的可怕感受與沮喪感仍持續存在。珍只是看著我訓練或參賽，她永遠不會知道我感覺有多糟糕。

這些強迫性的想法開始纏繞糾結地進入我的生活，整個扭曲糾纏得如同樹根般頑固，在我還沒意識到的時候就已經緊緊纏住我。我因為它們受盡折磨。有一個訓練課程特別讓我刻骨銘心。那是我第一次和珍一起練習我的轉體跳水。那是個臨近週末的日子，像是畫在地上的黑色十字，而我開始變得非常執著於一切要非常順利，並且是要依照我能夠控制的方式進行。回顧當時，這整件事似乎幾近瘋狂，但我認為如果我做的每件事都非常完美，那天就會很順利，我的轉體跳水也就不會變成一場災難。我的腦袋裡充斥著許多雜訊。我很想知道，和她一起訓練這個跳水動作，是否能讓我重整我的煩惱，但事實是，這些煩惱全合在一起了。太急著在她面前表現我的跳水可以做得有多好，似乎讓每件事變得更糟了。當我最終走上跳臺時，跳水本身沒什麼特別，但還是好險我沒有做得糟糕透頂。訓練課程結束後，我走向泳池邊的珍，覺得如果我試著把我的感覺告訴她，或許會好一些。

「我超害怕這個動作，」我緊張地說著，嘗試坦承自己對這個動作的感覺有多糟糕，「無論我接受了多少訓練，都沒有漸入佳境的感覺。它曾是我最穩定的跳水動作之一。我以前從來不需要去思考。」

「沒關係的，你不要擔心，會越來越好的……我們可以一起努力。」珍回應我。她那時能說的就是這些了。

我無法告訴任何人我對這件事情的感覺有多糟，我確信他們只會叫我不要這麼神經質。我才剛達成贏得奧運獎牌的畢生夢想，而且沒有其他外來的壓力；那我到底在不開心什麼？他們怎麼可能會懂？即使是我自己都還在努力理解到底發生了什麼事，以及自己為什麼如此焦慮。

我睡得很不好，一直夢到自己往下掉。我總是待在跳臺的梯子底下，場景和任何我受過訓練的泳池都不一樣。那些梯子非常奇怪，又彎又窄，似乎無法爬到頂端。當跳臺在我視線範圍內時，我就會出錯並墜入一個無底洞，看著世界從我眼前快速掠過，就像我在跳水一樣。但我永遠不會著地。當我醒來時，心臟快速狂跳，甚至有時會在睡覺時大吼大叫、劇烈翻騰。我總是覺得身心都呈現筋疲力竭的狀態，就像是我的腦袋被丟進洗衣機並進入脫水模式。我知道自己必須繼續前進。我之前的跳水生涯所經歷的經常是苦多於樂，但現在這已經完全是另一個層次的問題。

這個問題在二〇一四年一月於紹森德（Southend）舉行的全國錦標賽（National Championships）上達到頂點。這場賽事是在幾段休賽期之後舉行的，而我的身體並沒有處在最佳狀態。我之前花了六週在世界各地旅行，又和家人在普利茅斯度過聖誕假期。同時我也在拍攝獨立電視臺（ITV）的名人跳水節目《嘩！》

（*Splash!*），拍攝結束後，我得在比賽前一晚從盧頓（Luton）出發。珍已經在英國，最初的一週我和她一起進行了訓練，然後二〇一三年在休士頓進行了一個月的訓練，一切都非常順利；但我希望在她看我參加第一場賽事時，能讓她留下好印象。更糟的是，我已經約會一年並且認真看待的對象——蘭斯，也在觀眾席裡第一次看我參賽。這就像是一場完美的壓力風暴，而我的轉體跳水就位於暴風眼。

這場賽事是英國跳水選手間的競賽，而我已經參賽超過十年。我知道所有的目光焦點都在我身上。大家都期待我贏得比賽，這個期待出現在每一次的加油聲，我簽過的每一個簽名，以及我看到的每一張笑臉。在任何一場國家賽事裡，位居第四名都不是一件可以接受的事。當我已經和世界上最厲害的跳水選手較量過並且贏了，為什麼我這次不會贏？不過，在國內賽事裡很難感受到和國際賽事同樣的壓力，所以有很大的機會跳得不到位。沒有人能夠理解要跳好的壓力與期望。

我在早上完成轉體跳水的預賽，結果是一團糟，雖然我還是居於領先地位，卻不是我曾領先的幅度。我把自己拋出跳臺，把身體丟出去；整個狀況慘不忍睹。我的姿勢迅速地變糟，我不知道自己該如何補救。我知道事情會很快就變得糟糕透頂。

為這場賽事的決賽準備做出這個跳水動作時，我記得自己背對著跳臺站著，情緒整個潰堤。我全身發抖地哭著。我試著吸氣，卻感覺我的呼吸又短又淺，而且我的雙腳非常不穩，雙手刺痛，雙腿發麻。這些身體反應是恐懼與恐慌的可怕表現，但我的想法更糟糕。在那一刻，我憎恨自己，憎恨自己的感受，憎恨自己的內在對話。

曾有一段時間，跳水是任何人都可以參加的比賽，而且可以在當天買票入場觀看賽事。但現在這些國內賽事，門票經常是幾小時內就搶購一空。看臺區及泳池邊的座位坐滿了觀眾，從看過我許多比賽的超級跳水粉絲，到把看奧運獎牌得主現場演出當成週末消遣的紹森德當地居民都有。我告訴自己，我將在每個人面前大出洋相。我會整個攤平入水，當眾出醜。那些來看我比賽的人，他們只會對我感到失望。我對自己即將面對的結果感到憤怒，並且對這些想法感到十分羞愧。我並不在乎自己，或是我曾做過什麼。好像每件事都失控了。更糟的是，我根本無法告訴任何人自己正經歷些什麼，這意味著我感到非常、非常孤單。

珍走來跳臺，盡她能力所及說出對我最有幫助的話，但我們的合作關係才剛開始，而且我覺得她其實感到十分困惑。

「沒問題的，」她告訴我，「你在訓練時一直都做得很好。」

「我知道自己必須站起來去完成動作，」我邊啜泣邊哽咽地說道，對自己爆發的情緒以及無法停止哭泣感到非常丟臉，「但一切都在告訴我，我做不到。」

安迪原本坐在泳池邊，他走了過來，看著這整齣鬧劇。他陪來自普利茅斯的選手來參賽，此刻他試著安撫處於崩潰邊緣的我。他告訴我：「你只需要專注於整個過程，並完成動作；一次做一個動作，不要想太多。」

「我可以一次完成一個跳水動作，但我必須在某種程度上經歷這一切才能完成跳水。我必須在所有人面前這樣做。這不會是一件好事。」

我知道自己會出錯，只是要看會有多麼驚人的出錯程度。當然，那時我的焦慮心情無法改善任何事情，那一刻，我不相信那個跳水動作能再次完美達成。

所有的教練之前也都曾是跳水選手，所以他們能在某種程度上理解我所感受到的恐懼；但是安迪的話並沒有真的被我聽進去。不知為何，我還是到了跳臺頂端。最終，在那漫長的分秒等待裡，我知道自己還是得決定是否要當個在跳臺底下哭泣的人；我知道自己一定得在某個時間點完成這個跳水動作，不然就是棄賽，而我不是一個輕言放棄的人，所以我沒有其他選擇。我最後還是從跳臺上躍下，但帶著雜亂的思緒。不用多說，我在隨後的賽事裡表現得很糟糕。當時和我在同一個級別比賽的英國選手並不多，所以我勉強拿到了金牌，這讓我帶著沮喪的心情離開泳池。我知道自己要做的就是心無旁騖地持續努力，但我感覺幾乎找不到一條出路。

我們在那一年極力嘗試了許多不同的方法來克服我的恐懼。我非常幸運，有一個共事許久的運動心理學家凱特（Kate），是我能夠傾吐的對象。我們試著解開我腦袋裡的那些結，並嘗試找到根源。二〇一二年倫敦奧運在我的恐慌中扮演著極為重要的角色，但我開始意識到我的轉體跳水一直是我最深的恐懼，這要回溯到我年輕的時候，而當時我不得不堅持下去。在我還是個孩子時，就已經一路晉級，並且在很小的年紀就從十公尺的高度跳水。我對跳板從來就沒有像對高臺那樣有著相同的喜愛程度，因為我感受不到相等的刺激與興奮感。當我往更高的跳臺移動時，通常會對跳水抱有更多熱情。我天生就有運動細胞，這個特質非常適合運用在我的技能上；我在家庭婚禮和派對上最愛的把戲之一是用我的雙手穿越舞池。跳水和我可說是一拍即合。我一直都很愛從高臺上跳下來的那種無重力感與快感。儘管如此，那種神經繃緊的感受一直如影隨形。

理論上，應該是要等到十二歲才可以從跳臺進行跳水，因為這會對正在成長的關節增加風險，但我在八歲時就完成我的第一個十公尺跳水。那時我已經在高度較低的跳臺上完成所有我能做的跳水動作，而我需要更多挑戰來讓自己保持專注，所以從十公尺的高臺跳水對我來說是合理的。我也是在這時開始做沒有難度限制的「自選」跳水動作，我開始參加個人錦標賽（Senior Championships），並且能在高臺跳水得到更高的分數。

但另一個問題也隨之而來，在熟練一個跳水動作後，我會長大，突然間我的雙腿變得比之前長，或是我的手臂變長了，所以每次我做抱膝或屈體動作時，都會覺得有點不一樣，然後我就會讓自己受傷。身為一名青少年，我很快就知道自己非常容易受到嚴重的運動傷害。有一次，我在泳池旁做暖身跳水，結果撞到了頭。我從水裡出來時，周圍的地板流著一大灘鮮血。有很多次我都是身體攤平地落水，我記得有一次在普利茅斯，因為雙腿變長了，我的雙腳敲到原來位置的跳臺，我立刻衝出泳池，躲進父親的廂型車裡。有好幾次我嚎啕大哭，拒絕嘗試新的跳水動作，在十一歲那年，我幾乎一整年沒有從十公尺高臺跳下過，因為我總覺得自己在空中是失控的，我無法讓身體從高臺上一躍而下。

這要歸因於喪失動作症候群（Lost Movement Syndrome），這個名稱會被用來形容在體操、跳水或彈跳翻滾等運動中無法做出之前能夠掌握的動作的運動員。我的腦袋過去所依賴的心理途徑能指引我做出跳水動作，現在卻被恐懼與驚慌占據。我曾和安迪及其他不同的運動員還有心理學家聊過這點，他們都向我保證，只要有毅力、耐心與練習，我就能克服這個問題。安迪鼓勵我回到基本，並且不要急。他後來告訴我，他看到了我的天分及潛力，並決心要再為我找到這項運動的熱愛與樂趣。我的確熬過來了，我必須採取一種韌性十足的心態來堅持下去，即使有時候真的很糟，我感覺自己又退了好幾步，完全沒有向前邁進。這是一項艱苦而緩慢的工作，但我最終還是設法回到了跳臺頂端，並重拾了一些信心。

所以，我以前也經歷過這樣的時刻，當時我感到不知所措，並且嘗試著將我的跳水動作一個一個拆解，再一個一個慢慢地重新組合。我花了好大的力氣做這件事，但我的轉體跳水問題大到遠遠超越我以往曾經歷過的任何事情。

凱特是第一個提出「創傷後壓力症候群」（Post Traumatic Stress Disorder，簡稱PTSD）這個醫學名稱的人。當她提到PTSD可能是我在跳水時所感受到的情緒，背後所隱藏的原因，我真的非常震驚。我認為她的觀點是錯的；我怎麼可能因為落水而遭受創傷？怎麼可能是從我喜歡做的事情受創？當我看到那麼多從阿富汗回來的人受PTSD所苦，這怎麼可能是我恐慌與偏執想法的根源？我認為這就是我的心理健康如此難以討論並理解的原因。人們實在是太容易認為自己沒有理由會有這種感受，或是沒有正當理由說自己心情不好，甚至覺得自己根本就不是那種會遇到難關的人。

我的生命中擁有這麼多美好事物，為什麼還會有PTSD呢？我不斷地問自己這個問題。不過，凱特說得越多，我就越開始懂得，雖然自己沒有參加過戰爭，沒遇過嚴重的車禍，或在外面經歷明顯很可怕的事情，但創傷是會以多種形式存在的。任何會引發強烈恐懼或壓力的事件都會引發PTSD。我開始接受曾經發生過的事情，以及，這樣的心理問題會在任何時間發生在任何人身上。就像身體的健康，沒有人在遭受心理挫折時還能完全不出錯。我和其他人沒有什麼不同。

我們試著開始深究什麼地方出了問題，以及為什麼我會有這種感覺，好讓我能試著展開漫長的恢復期並克服這個問題。其中有很大一部分是要能接受這個問題，讓我能夠繼續前進。我們嘗試了各種療法，讓我能夠好過一點，其中包括眼動身心重建法（Eye Movement Desensitisation Reprogramming，簡稱ＥＭＤＲ），是一種幫助處理資訊與記憶的技術。她也建議我練習各種呼吸、觀想（visualisation）與冥想（meditation），但我拒絕這麼做，堅信這對我不會有任何幫助。我告訴她，這些都是胡說八道，絕對不會有效果——為什麼用不同的方式呼吸能夠預防我心情低落？在當時，正念（mindfulness）與冥想不像現在這麼主流，而我無法理解深呼吸和專注於當下會對治療我遭受的創傷有什麼影響。我半信半疑地試著做做看，大概坐了十分鐘，試著忽略那些像火車疾駛過我腦袋般嗡嗡作響的許多想法，但我就是無法投入。不論我們怎麼做，我的恐懼仍然存在，就像沉重的水泥往我身上壓。我完全不知道這些不同的練習會帶來什麼樣的效果。

我花了一點時間來接受在奧運所發生的事，為什麼我會有這樣的感覺，又為什麼會讓我如此痛苦，我必須在我能開始前進之前做到這件事。我開始意識到自己是多麼努力地試圖讓恐懼遠離，而這只是讓我的焦慮緊緊地綑綁住我。我越想阻擋，這種箝制就越緊，而且越來越強烈。凱特提出的不同處理方式都是奠基於讓我盡可能地重新體驗那一刻，這個問題將因此得以在我腦海中逐漸淡化，並且變得越來越不重要。我開始了解我需要直球對決，並承認自己的感受，但不論我怎麼嘗試，我對轉體跳水的感覺就是沒有比較好。這份恐懼依舊像個大怪物，壓在我肩膀上。

訓練時，珍和我談到了不同轉體跳水動作的想法，但我擔心自己會再次經歷相同的問題，又遇到一樣的撞牆期，不論旋轉是跳水動作的哪個部分，抑或只是單純往另一個方向旋轉。我反覆思考自己的向後轉體動作會出錯的所有原因，並認為自己只會把這份恐懼轉移到任何新的轉體跳水動作。轉體跳水動作只需要在跳水裡有旋轉動作——它可以是向前跳水、向後跳水、向內跳水，或是反身跳水。雖然所有其他優秀的跳水選手都做了標準的轉體，但並沒有規定我不能拿其他的跳水動作比賽。珍讓我看了幾個不同的跳水動作，但我並沒有被她說服。我認為當其他每一位選手還在比同一項目時，就開始想其他跳水動作實在太誇張。從頭開始學一個新的跳水動作是一項大工程，會需要花上好幾百個小時練習。

但我也意識到，自己從二〇一二年倫敦奧運後就一直努力堅持做轉體跳水，現在是時候開始考慮或許需要做出改變了。放棄轉體跳水，我不確定自己能不能繼續前進，同時照顧好自己的心理健康，並取得運動上的進步。我是有時間和空間可以堅持下去並完成的。更重要的是，毅力不是只有「堅持下去」而已；它有時指的是藉由更多的橫向思考去解決問題。我開始想通一件事：新方法和新跳水姿勢能夠幫助我。

我們在二〇一四年的上海世界盃之後找到了解決辦法，我當時因為得到第四名而錯過登臺領獎，之後我就飛回休士頓再和珍一起訓練。有一天訓練結束後，她走到泳池邊對我說：「我一直在想，你看一下這個。」

她拿出她的手機，讓我看一段有些模糊的 YouTube 影片。那是太陽馬戲團（Cirque Du Solei）以前表演的一小部分，有三名表演者在一座俄羅斯鞦韆上，那是一種可以三百六十度旋轉的鞦韆，讓特技演員可以得到足夠的動力與高度在空中表演特技，然後降落在陸地或水裡。在這個節目裡，特技演員來回擺盪數次，匯集動力直到板子以高弧度擺盪，站在前面的表演者於弧度最高點時跳到空中之前，要做一個三圈半前空翻加一個屈體旋轉，之後優雅地入水。

「我知道這是馬戲團特技，但我在想，這或許也可以是你的轉體跳水動作。我一直在仔細看這個動作並研究它。我認為這是我們必須要走的路。我們必須把旋轉放在最後。」珍對我說。

「我做得出這個動作嗎？這有可能嗎？」我問。

「我之前看過有人在跳板上這樣做。我不認為會有什麼問題。」

我們必須跳脫常理思考，我知道這意味著很長一段時間費心而仔細的苦練，並且沒有任何參考點。世界上沒有任何人比過這個跳水動作。這感覺風險極大，但我知道這是一個自己必須把握的機會。

「好吧！我們就來做吧！」

就這樣，我們兩個開始了我的全新轉體跳水。有一陣子，我們只是在做實驗，嘗試各種不同的做法。我從五公尺高臺開始練習，我先研究旋轉動作，之後再捲成屈體，所以和太陽馬戲團的表演影片有一點不同。這個動作讓跳水變得非常困難，因為要對抗重力（G-force，也稱 G 力）並做屈體姿勢，難度真的很高。結果我因為完成動作的高度過低而傷到拇指。我接著嘗試做一個前空翻，然後展開身體，之後再回到屈體動作。但仍因重力過大而失敗。當我們在一個跳水動作中旋轉時，其實和戰鬥機飛行員一樣，承受著相同程度的重力，所以改變方向是十分困難的。最後，我們認為有可能做到的唯一方法是先做兩圈半的前空翻，然後在第三個也就是最後一個前空翻期間將身體展開做旋轉，才能做到在一個旋轉裡完成三圈半前空翻。

有一份官方表格載明了所有不同跳水動作，並且標注了每一個跳水動作的難易等級與成功公式。我需要任何一種新的跳水動作是和原來的轉體跳水有著相同或是更高難度，這樣我才能得到足夠的分數，並且不會讓自己處於劣勢。難度判定是以翻滾與轉體的次數，以及執行的特定細節為基礎。我們必須先把這個搞清楚，去了解新動作是否值得一試。每一個動作的滿分都是十分，所有跳水相關的元素都會列入評分範圍，包括方法、起跳、最高位置、執行度，以及入水。兩個最高分與兩個最低分都不會列入計算，接著會以跳水動作的難度去乘以裁判所給的總分，就成了這個跳水動作的最後得分。如果這個動作難度偏低，甚至少於〇．一級，那就不值得嘗試，因為我會無法打敗那些最厲害的選手。

理論上，我的新跳水動作——我們將它命名為「煙花」——是難度高出很多的動作，風險也相對大很多，所以我們認為它可能會獲得較高的難度鑑別與較多的分數。但結果是轉體跳水和煙花同樣都是難度三．六級——也就是，如果這個動作執行得夠好，得分可以超過一〇〇。

要學習任何一個新的跳水動作時，我們會把這個動作一路拆解，去練習每一個分解動作，之後再慢慢將它們拼湊起來，建構出一個完整的跳水動作。我們試過綁護帶上跳床，然後從乾的跳臺跳進海綿堆，接著拿掉護帶，直接跳進海綿堆，之後嘗試游泳池的不同跳臺，去了解我如何在這個跳水中精準地融入所有的動作。這整個過程是一個緩慢、不斷重複，而且費時費力的工作。

我們在三公尺跳板上練習了許多動作。利用跳板練習，你可以透過跨欄（hurdle steps）動作或是兩彈單重跳（double bouncing）移動到跳板尾端所集結到的能量得到幫助——基本上就是移動到板子上時抬起一條腿，再用雙腿起跳，或是把跳板當成跳床，然後做雙腳彈跳。我用雙腳彈跳來練習這個跳水動作，以得到離跳臺最高的高度，這樣我才能在往上和往下時做轉體與空翻。跳板給了我動力去執行我需要做的所有動作，所以它經常用於訓練中，可以消除與單腳跨欄方式相關的平衡難度問題。在十公尺高臺上，透過你的動作，你需要自己提供動力，在起跳與降落入水的空間裡完成所有動作。你在一場訓練中，也只能在十公尺高臺上做一定次數的跳水，因為這對你身體造成的整體影響是巨大的。使用跳板，你會離水面更近，所以出差錯時，衝擊的力道也會比較小。跳水困難的地方在於轉體，如果不做起跳的動作我就無法練習，所以我們必須找到足夠的動力及高度來讓我做這個動作。其他所有的跳水動作，我都可以從五公尺高臺完成部分動作，這也意味著我學習這個跳水動作的方式略有不同。舉例來說，我能夠從十公尺高臺做三圈半後空翻之後屈體，但我只能從五公尺高臺做到兩圈半的翻滾後屈體。但因為轉體是煙花跳水的最後動作，我必須一直在十公尺高臺上練習。我一直知道自己必須做奔跑起跳，因為它是在向前旋轉的跳水動作中，唯一能產生足夠動能與力量的方法。

以前我在學一個新的跳水動作時，會研究其他人的比賽影片，但這次我們沒有任何的參考點。即使里昂．泰勒（Leon Taylor，英國跳水選手）發明了兩圈半後空翻及兩圈半旋轉，成為在國際賽事裡第一位做出這個動作的選手，不同的地方在於，其他人做的是一個兩圈半的後空翻及一圈半的旋轉，所以他只是在已經存在的元素裡多加了一圈旋轉。我的向前跑轉體跳水則完全是一個未知數。

當我第一次爬上十公尺高臺做這個動作時，完全不知道自己會如何落下。我有機會成功嗎？如果出了差錯，我會怎麼做呢？我會有足夠的時間嗎？感覺我們所有時間都在實驗不同變項，像是起跳的速度、前傾與站立的幅度、跳躍與旋轉的幅度等等；有太多未知數，而最佳的學習方式就是直接去做。

我第一次嘗試煙花跳水時，既可怕又刺激。我不記得做這個動作的每一奈秒（nanosecond），但我記得自己以正確的順序完成了所有個別動作，及時準備，並以頭部降落入水。我做到了，而且感覺很棒。

我開始產生以煙花跳水參加比賽的想法。我的跳水有了新目標。我反覆練習這個跳水動作的各個部分，之後就在跳臺頂端執行。我必須咬緊牙關，因為我仍在努力克服中，有時候跳得很不順利。我必須提醒自己，將每一次的跳水都視做單一獨立事件，所以如果我做了一個糟糕的煙花跳水，並不表示整個練習都很不順利。當我遇到瓶頸時，我會給自己在每一天結束前能夠有所期待的某件事情。當我覺得非常辛苦時，我提醒自己之後會有我已經計畫好的一頓大餐、出遊或是其他活動。我知道自己只能一直繼續下去，因為我沒有其他選擇。我必須保持冷靜，並持續努力，相信我會達到自己需要完成的目標。我必須專注於這整個過程。在一切進行得很順利時，我覺得自己又再次飛了起來。

我首度以煙花跳水參賽的賽事是二〇一五年國際游泳總會世界系列賽的其中一場競賽。國際游泳總會是跳水運動的管理機構。世界系列賽是每年為來自所有國家的跳水選手在世界各地舉辦的一系列年度競賽。大部分選手是奧運獎牌得主或是世界冠軍，在前一年的主要賽事中位居前八名。這場賽事在倫敦舉行，我又回到了家鄉，在鄉親父老面前比賽。在二〇一四年的前一場相同賽事中，我的比賽成績並不理想，只獲得第五名。我最大的競爭對手之一是中國跳水選手楊健，他創下有史以來個人跳水項目最高分的世界紀錄。中國跳水選手一直是我最大的競爭對手，他們的穩定性與天賦令人生畏。他們以極高的標準訓練，幾乎每天都在泳池裡訓練一整日，而且彼此間以非常強烈且牢固的競爭意識來互相激勵。這場賽事在倫敦舉行，這裡是我工作與訓練的地方，而且是在家鄉的觀眾面前比賽，這讓楊健的成功在我腦海裡變得更加刺眼和明顯。在那場賽事裡，我和我那糟糕的轉體跳水一起艱難地前進，我知道一切不會順利進行。我知道如果我要再次成為世界最佳跳水選手，勢必得做些改變。

在一年後的比賽當天，一切又開始恢復原狀。我的跳水表現得更穩定，我的煙花跳水也進展得十分順利。我的家人和朋友都在看，而我也渴望出賽，和那些最厲害的選手一較高下。我知道我做得到。我的煙花跳水，是我清單上的第二個表演動作，結果大放異彩，得到我有史以來的第二高分，九十九分。我的三圈半後空翻屈體得到破百的分數，並以明顯的差距打敗了楊健與另一名中國跳水選手邱波。中國跳水選手經常在排行榜上獨占鰲頭，但那一天我贏了。他們並非堅不可摧，我再次證明了這點。你可以參加任何賽事並希望自己能有好的表現，但如果你不相信自己能贏，勝利就永遠不會發生。經過數個月的自我懷疑，我知道那天我有機會再次成為贏家。我堅持不懈，並且找到了克服的方法。

我們都有困境與難題要克服，這對我來說是一座很難翻越的高山，但我還是做到了，我成功地從另一面下山。我開始再次相信自己與自己的能力，感覺等了好久才迎來這一刻。

從那以後，我學到了更多關於正念與活在當下的觀點，這真的對我的跳水很有啟發。現在我的每一場賽事都有一項精細的例行公事。當我前面只剩大約五、六位跳水選手時，我會從珍那裡收到教練建議。我走到跳臺底部，喝一口水。我走上三公尺高的跳臺，等另一名選手跳下。然後我會移動到五公尺高臺，以吸水毛巾遮住雙眼，並在腦海中想像整個跳水動作。之後，當另一名跳水選手往下跳時，我就移到七公尺高臺，那時我會進行肢體練習，包括手臂的擺動、身體的姿勢，以及跳水後如何出水。我閉上雙眼，感受雙腳在跳臺的感覺，想著自己能感覺到、聽到、聞到及體驗到什麼，使我在那一刻保持平靜。接著我做了十次深呼吸，來回深吸深吐，讓自己的心跳變慢。

然後，覺得安定冷靜的那一刻，我走上十公尺跳臺，並完成跳水。

我真希望自己能早點知道呼吸的重要性；我們越早學習如何利用簡單的呼

吸技巧與不同的冥想練習來幫助我們的心智越好。有人曾告訴我：「恐懼是沒有呼吸的刺激。」這真的反映了呼吸訓練在我的跳水裡的重要性，在某種程度上，呼吸現在是我完成每個跳水動作時的一部分。我開始每天花十分鐘使用一個叫做「Headspace」的應用程式，這個應用程式透過有聲課程教授冥想與正念。這能讓我在自己內心找到一個平靜的空間，不論我周圍發生什麼事——無論我是在家、訓練、比賽或是從事其他工作。我發現這能非常有效地幫助我在比賽中阻擋雜音，也對面試工作或有壓力的社交場合有幫助。來自任何事物的壓力都有辦法影響你的運動及表現。透過冥想，你可以把自己帶回當下，而它也是你的軍械庫裡最厲害的武器。這是只屬於我的時刻，而我發現它是完全自主的。

當我首次開始嘗試冥想時，我覺得自己幾乎無法專注在過程中；我會想著何時能結束、晚餐要吃什麼、我是否該洗個衣服、我為什麼在浪費時間。但當我承諾每天只做十分鐘，並且專注於當下，就開始起作用了。當我開始覺得注意力更集中時，會有一種心滿意足的感覺，讓我對轉體跳水與整個跳水都感到更加安定。當然，擔心跳水發生嚴重差錯的恐懼還是存在，但隨著跳水生涯不斷進步，我學到更多如何管理焦慮的方法，所以它們不會讓我身心俱疲。

對我來說，我在轉體跳水中所學到的關於堅持與創新的教訓，是有關更全面的理解，也就是我最後想要到哪裡，以及我需要在哪裡。我一直都很清楚自己需要做什麼，但我有很長一段時間不知道如何做到。過程中有許多起伏，有些時候會覺得自己往後退了二十步，有些時候又覺得自己向前邁進了幾英寸。我雖然覺得自己有好長一段時間是失敗的，一旦轉了個彎，我就能看到隧道盡頭的亮光。每個運動員都是一直持續在學習。在創造一個新的跳水動作時，珍和我推翻了原有的規則，而我最終再次知道自己要往哪走。

Courage

勇氣

二〇一三年三月，尼克兒童頻道（Nickelodeon）邀請我飛到洛杉磯擔任「尼克頻道兒童票選獎」的嘉賓，因為我贏得「最受歡迎的英國運動明星」獎項。我在洛杉磯時，一位朋友邀我共進晚餐，他說我也可以帶幾個朋友一起過去；他們說也會帶朋友一起出席。我帶了幾位尼克兒童頻道的團隊成員赴約。我們大約遲到了四十分鐘，因為尼克兒童頻道的人一直黏在酒吧不肯走；我記得自己試著連哄帶騙地讓他們放下酒杯，但當我們慌張地抵達現場時，所有人都已經坐在那裡等我們了。我的目光馬上被一位有著寬闊肩膀的男子吸引，他坐在餐桌末端的角落，穿著薄薄的紅色帽T及老舊的皮革外套。一頭沙金色的髮絲稍微遮住了眼睛；也許是我的目光停留在他身上好幾秒，我看到他對我微笑。我立刻想：「那是誰？」

我完全不知道誰是蘭斯，或他是做什麼的，過了幾秒，我發現他似乎也對我一無所知（他後來承認他曾在奧運會上看過我，但當時他沒告訴我）。我們進行了糟糕的閒聊，談到在奧運選手村發生的事，以及這些事成為一部浪漫愛情喜劇的潛力。餐桌上的每個人都在聊電視、電影和編劇。我察覺到他應該是個大人物，於是開始在餐桌上笨拙地用手機搜尋他的相關訊息——這是我平常絕對不會做的事，但我通常會特意查詢自己即將見面的人和他們所做的事，這樣我才會有所準備。這對開啟對話非常重要，我不想讓自己出醜，或更糟的是，讓任何人感到尷尬。我很快就知道他是一名編劇、電影工作者與奧斯卡金像獎得主，也是一位大力支持多元性別認同（LGBTQ+）的運動人士。那天晚餐後，邀請我的朋友要我猜蘭斯的年紀，我猜想他大約二十八歲。當他告訴我蘭斯大我二十歲時，我並不相信他。即使我在維基百科上查到他的出生年份，我也認為是資料錯誤。我對他非常感興趣，並能感受到我們之間立即產生了化學反應。晚餐時，我一直盯著他看，而他也一直捕捉到我的目光，有幾次真的很尷尬，但我的雙眼就是無法從他身上移開。每當他看到我在盯著他看，我就會移開視線，覺得自己被抓包了。

晚餐結束後，我們一大群人一起去喝一杯，蘭斯的助理問我是否能夠把我的電話號碼給蘭斯。我在他的手機記事本輸入了我的號碼，並加上一個眨眼的表情符號。我希望這足以傳達我對他的興趣——他後來說，沒有直男會在他們的電話號碼後面加一個眨眼的表情符號！

果然，隔天早上當我拿起手機時，有一則簡訊說很高興認識我。我整個小鹿亂撞。

那天晚上我們又見面了，而且聊了六個小時。因為我還沒滿二十一歲，在公眾場合不能合法飲酒，他到飯店來找我，從飯店隔壁的 In-N-Out 漢堡帶了幾瓶健怡可樂，利用房間迷你吧（mini bar）裡小瓶裝的酒做了幾杯調酒。我們這次略過閒聊，很快地聊起更深入的話題。我的父親羅伯於二〇一一年因腦瘤過世，那年他才四十歲；而蘭斯的兄弟馬可斯於二〇一二年因癌症過世，所以我們聊了各自失去至親的經驗。他於二〇〇八年以傳記電影《自由大道》（*Milk*）贏得奧斯卡金像獎最佳原著劇本，這部電影是關於被暗殺的同志人權運動份子哈維．米爾克（Harvey Milk）的故事。他說贏得奧斯卡獎真的非常美妙，在那旋風般的兩週裡，你能呼風喚雨。然後一切就結束了。回去工作。但一切不再只是關於工作，而是關於要做到什麼程度能贏得更多奧斯卡。我對這點非常有共鳴。他也曾在他的比賽裡位於巔峰，所以我覺得他會了解我正在經歷的事情：現在我贏得了奧運獎牌，我就必須保持在那個高度上。我們都知道，在經過事業最顛峰的高潮後，就會迎來最低迷的低潮。

聊了好幾個小時後，我問他是否學過跳水。

我站起來對他說：「雙手放在你頭上併攏——這就是我們跳水時的入水姿

勢。」當他照做時，我俯身吻了他。

突然間，每件事情都串連起來了，變得有意義。雖然我之前曾經有過幾段感情，我想自己從未覺得它們是完全合適的，直到那一刻，我才明白了原因。我曾以為自己戀愛過，但那完全無法和這次相比。

我很快就愛上了蘭斯，覺得自己陷入熱戀——我們經常聊天、以FaceTime視訊，並且互傳訊息；我完全無法不想他。一切發展得非常快，而我對他的愛不斷滋長。

當我從洛杉磯回來時，我第一個就告訴我的朋友蘇菲整件事情的經過。我們去普利茅斯的幾間酒吧玩了一晚，然後回到我家吃披薩。我們兩個都喝了不少，我想那時候自己絕對不會在完全清醒的狀態下告訴任何人我的感受。

「我現在打算說出這件事，然後希望妳或是我們兩個都在隔天早上忘記這段對話。」我喃喃自語。

她看著我，感到十分困惑。

「我在洛杉磯遇見了一個人。我認為他是我想在一起的人。」

「那太好了！她是一個怎樣的人呢？」

「嗯……他是個男生。」

「喔，好吧！」她連眼皮都沒眨過一下。「這就是你要告訴我的嗎？噢，我不介意。我很替你開心。」

她給了我一個擁抱，然後我們繼續大啖義式臘腸披薩。

有人知道蘭斯，可以和我談論蘭斯，感覺真的很好。我第一次覺得我可以做自己，不需要像寄居蟹一樣躲起來。

蘭斯是個超級工作狂，他從來不度假或休息。對於前一任男友，他能做到最好的程度就是週末小旅行；他在週五傍晚出門，週六早上就因為沒有帶筆電而變得超級恐慌，所以他必須回家。因此，要開始和一個住在五千英里外、飛行時間十一個小時而時差為八小時的人約會，真的需要很大的勇氣。但我們做到了。

我們打算在二〇一三年的五月，我十九歲生日時碰面，也就是我們相遇的幾個星期後。他告訴我，他正在為他手上進行中的一個案子尋找倫敦的落腳處。到機場接他時，我感覺自己完全知道我會為這個人痴狂。我的視線完全無法從他身上移開。我們直接回到飯店，然後換好衣服出門，和我的朋友一起吃飯喝酒，慶祝我的生日。三杯荔枝馬丁尼下肚後，我告訴他們所有人，以及聽我說話的任何其他人，蘭斯是我的男友。這聽起來或許非常老套，但一切發生得非常快，而我知道他就是我的「唯一」（the one）。我們在倫敦待了幾天，我接了幾個媒體訪問與贊助商的工作，蘭斯則出門為他的影片拍照，然後我們會在傍晚碰面。有一天晚上，我們去了歐克索塔（Oxo Tower）吃晚餐，這是我們第一次正式約會。我對倫敦並不是很熟，但曾經和家人朋友在那裡慶祝我的十八歲生日，倫敦的景色十分特別。我們在那個美好的晚上更加認識彼此，還玩起互相問對方問題並且要老實回答的遊戲。他問我是否願意成為他的男友；我想我們兩個都希望對目前的發展有共識。接著在隔天，他跟我說他愛我。我也有一樣的感覺。我愛他如此敏銳、對我呵護備至又極為支持。我堅定不移地信任他。我們現在有時仍然會去歐克索塔，對這個地方有著特別的感覺，畢竟那是我們第一次約會的地點。

我得回普利茅斯參加一個早就規畫好的生日派對。蘭斯剛來英國時並沒有說好會和我一起去，但事情的發展如此驚人，以致於他就坐在我身邊和我一起搭火車回家鄉。

回到普利茅斯，我們決定沿著康瓦爾（Cornwall）的駱駝步道（Camel Trail）騎腳踏車，從帕德斯托（Padstow）到博德明（Bodmin），總共約十二英里。我們在陽光下騎著車，什麼都聊，打破所有關於你是誰，以及你一開始不應該談論什麼話題等等規則。家庭對我來說一直都很重要，我一直都知道自己想結婚生子。當我看向自己的未來，家庭一直是我的重心。我從十七歲開始就一直在買童裝，有一整個抽屜裝著我外出旅行時購買的小上衣與連身衣。當我因為跳水而到不同國家時，我會在機場商店找很可愛的小衣服，因為不知道何時會再經過這裡，我會把它們買下並收藏起來。結果就有一整個抽屜的小衣服。對我來說，不論和我長期交往的人是誰，他和我一樣想要這些東西，這是非常重要的。我明白這對一個男人來說很不尋常，而且我還這麼年輕，但這就是我喜歡的。我想像的未來，一直都有寶寶和孩子在其中。我想成為一個事必躬親的父親，就像我的父親為我做的。

「你認為自己會想結婚嗎？」蘭斯問我。

「當然，我想結婚。」我笑著回他。

蘭斯是美國平權基金會（American Foundation for Equal Rights）的創始委員，並且是在美國爭取婚姻平權的先驅。當時英國國會正在通過准許同性婚姻的法律。

我接著更進一步。

「那你認為你將來會想要有孩子嗎？」

「我會很喜歡的。」

然後我們幫小孩取名字，開始勾勒未來的輪廓。很明顯地，我們在生命中想要的東西是相同的。

在他回去之前，我們去了當地的花園中心，蘭斯買了烤肉組給我當生日禮物。我們邀請了我的母親和朋友過來，煮了一頓大餐。蘭斯從頭開始做漢堡，然後把它們放上烤臺，中間還夾了藍紋起司碎塊。

只有我和母親兩人在廚房時，我決定問她對蘭斯有什麼感覺。「他做的漢堡很好吃。」她回答道。我不得不同意她。

「嗯……我和蘭斯，在一起了。」我告訴她。

她停頓了一會兒，看起來有些困惑。我看得出她內心的震撼，但她隨即笑了。

「那太好了，如果你開心，我就開心。」她說完後，給了我一個一如往常的溫暖擁抱。

她對這件事充滿疑問，包括兩個男人如何在房裡做那事——我告訴她，要談這個話題前，我們可能得多喝幾杯！

每個人都喜愛蘭斯；他很快就融入了我們的朋友圈，而且和每個人都相處融洽。

但如果我在廣大的運動團體中出櫃，我並不期望我親愛的家人對我和蘭斯的關係的反應能夠被複製。同性戀恐懼（homophobic）與跨性別恐懼（transphobic）的言論在運動圈仍十分氾濫，這些言論是由異性戀本位（heteronormative）的男性所主導。這在八年前更明顯；在二〇一三年，基本上沒有同志運動明星有足夠的勇氣出櫃。威爾斯前英式橄欖球名將葛瑞思．湯瑪斯（Gareth Thomas）於二〇〇九年出櫃，但那時是他職業生涯的末期，而我根本不知道還有更多人。一定還有數不清的人，有男友或女友，但只有和他們最親近的人才會知道。我不記得有任何運動員是在職業生涯中出櫃，而不是在快要退休時才公布。

從小到大，我一直知道自己和其他孩子不同。小學時期，我是三十人的班級中僅有的五個男生之一。我一直都和每個人相處融洽，是班上的開心果，並且對自己有兩個男友與三個女友感到自豪。

當你還是個孩子時，處理人際關係的方式沒有所謂的對錯；當你只有五或六歲時，你可以完全做自己。那時是帶著美好的天真無邪與完全包容。但當我進入小學階段後，我並沒有覺得自己和朋友們一樣；這無所謂，因為我花很多心力在跳水運動上，並且到處去比賽，但這一切又加劇了我們之間的不同。他們當中有許多人無法理解我對跳水的熱愛。他們也不懂為什麼我每天放學後要在泳池待五個鐘頭，如果隔天早上六點要起床訓練，寧可放棄和他們去看晚上九點的電影。他們也不明白週六去購物中心對我來說並不那麼有趣。那段時間去做跳水訓練以及能夠做自己，是很特別的一件事。這提供了另一個焦點，讓我得以轉移學校與任何形式的同儕壓力。泳池就像我的家，是一個我能完全被接納的安全避風港。我和父母及兩名弟弟威廉與班的家庭生活，給我很大的支持，我從來沒有過度質疑自己並不融入的事實。

當我上了中學，有了更多的朋友，其中一些人有較年長的手足；當我和他們在一起時，才開始了解「同志」不只是一個丟出來侮辱人的詞彙，或是描述某件蹩腳或有點糟糕的事情，而是對性向的一種定義。我認為自己一直非常清楚我對男性和女性有著相同的感覺，但有很長一段時間我一直以為每個人都同時喜歡男生和女生。就像青春期的許多事情，每件事都開始豁然開朗，我開始知道自己的感覺是有名稱的。我感覺自己和朋友疏遠了，好像我應該隱藏或避談我的感覺；在當時，身為同志這件事是不被接受的。我大概從十三或十四歲開始和女孩子約會，而且我從不覺得自己錯過什麼。這種感覺像是，無法隱藏自己性向的人，是唯一出局的人。

我在十四歲時去參加二〇〇八年北京奧運，這讓我在同儕間更加孤單。我的性向對於學校霸凌者來說不是重點，他們更樂於指出我在跳水時幾乎沒穿衣服，以及那些我幾乎全裸的比賽照片。「跳水男孩」與「小泳褲男孩」成為老舊學校走廊裡經常聽到的嘲笑綽號，我經常被摔在地上，或是在教室裡被丟東西。我的袋子被清空，東西全倒在地上，或者年紀較大的孩子會問我的雙腿買了多少保險，好讓他們可以打斷我的腿。我有父母和朋友最堅強的支持，但這類行為似乎被所有人接受，甚至是當時的我自己。學校給了我一間空教室，讓我在休息時間可以和朋友待在裡面，以避免可能發生的最糟情況，但這也被視為某種特殊待遇，並且很快地感覺幾乎整個學校都在嘲笑我。真正讓我開始害怕是我感受到生命威脅。當我們在教室外面，我的朋友們會排成扇形，試著在我周圍形成一個像人肉盾牌的保護圈，讓霸凌者無法接近我。我會假裝自己不受影響，盡可能一笑置之，繼續當班上的開心果。但在內心深處，我很害怕。在學校度過糟糕的一天後，我會在傍晚去訓練，每次跳水都會感覺焦慮感跟著掉落了。訓練能夠讓我不去想霸凌的事。

有一天，下課鐘響後，我正準備離開那間空教室，一個高大年長的孩子攻擊了我，我的手腕以奇怪的姿勢著地，造成腫脹。那一週，我必須停止訓練，讓手腕恢復。我感到沮喪又灰心。我的父母被迫帶我離開學校，尋找其他接受教育的方式；他們因為這件事去了學校好多趟，但覺得似乎別無選擇。

我在學校遭受的痛苦，以及融入的困難，已經內化成更強大的動力，讓我專注於跳水這項運動上，並更精進它。我認為，如果我更努力並向大家證明自己因為和他們不同而有所成就，就能證明那些霸凌者是錯的。透過這樣想，我覺得自己因為無法融入而有更多補償心態。

當我更加受到大眾關注時，我的性向與人際關係也更被關注，媒體似乎對我的感情世界非常著迷。我總是被問道：「你有女朋友嗎？」我的回答一律是，跳水是我的首要任務，這並不是謊話。我交過女友，也約會過一段時間，但從沒那麼認真過。

當我遇到蘭斯後，再被問到同樣的問題時，我從來不覺得有所謂對的時間點可以回答：「我沒有女友，但我有男友……」我知道我的朋友是可以完全信任的，所以對我來說，關於大眾發現我的性向的擔憂，最初一直都不是什麼大問題。當我和蘭斯一起出門吃晚餐時，經常會請蘇菲一起去，好讓其他人不會只看到我們兩人而開始質疑我們的關係。

但時間久了，我就開始想越多也越擔心。我想要說實話並做自己，但我真的認為，如果人們發現我是同性戀，我的生活就不會是我現在熟悉的樣子。我開始接受一些大品牌的贊助，像是 Visa 和愛迪達，這些品牌在我跳水生涯早期就開始支持我了，當我有了一定程度的收入時，就不再接受英國跳水協會的金錢資助。我非常擔心自己如果出櫃，這些品牌就會停止贊助我，所以我如何在沒有贊助的情況下繼續跳水是一個大問題。我覺得這會讓我所有的贊助，以及未來可能擁有的任何電視工作都化為泡影；我覺得粉絲會憎恨我，而年輕跳水選手的父母會嚇壞，他們或許會因為我而阻止他們的孩子跳水。我覺得這真的會是世界末日，人們會在街上對我破口大罵。

我對自己應該如何出櫃或要說些什麼，沒有任何範本可以參考。來自澳洲的跳水選手馬修．米查姆於二〇〇八年奧運贏得十公尺高臺跳水金牌，他是一名公開的同性戀者，我在《雪梨晨鋒報》（*Sydney Morning Herald*）讀到他在奧運之前公開出櫃。我對於要做和他一樣的事情感到緊張，因為我不想自己的話遭到扭曲。雖然跳水是一項非常具包容性且能接受差異的運動，但如同我說過的，整個體育界並非如此。現實是體育界仍然十分歧視同性戀，沉默不語總是比坦率說出要更為安全。而且還要到英國以外的地方比賽，我得去將同性戀視為非法的國家參加比賽。但我想要變得更堅強，不想隱藏自己的這一面。最重要的是，我不想讓任何人說我是個騙子。

蘭斯沒有給我任何出櫃或是昭告天下的壓力。他要我以自己的步調去做並說出我內心所想。他說這不應該是一件要急著去做的事情，所有事情都應該是在你準備好的時候發生。

當時我抱持著這個想法向我的經紀人出櫃，他很顯然對此感到非常緊張。當時我們正在拍攝第二季的《嘩！》，他建議等節目殺青後再說。幾個月前當我告訴他蘭斯會過來幫我過生日——那時他並不知道我們在一起——他警告我和蘭斯進出夜店時要注意別被拍到，因為蘭斯是著名的多元性別平權運動者。

我的經紀人建議我好好考慮，而他也會認真地考慮，但我能從他說話的方式及他的肢體語言看出他從未支持這個想法，而且他從未真正了解，或試著了解我的感受。我猜想，做為一個大型運動管理集團的總經理，可以想像他以前或許從來不需要處理這樣的狀況。

我開始變得越來越偏執。假使人們會因為我和蘭斯一起出沒而批評我，那麼如果他們知道我們在交往，會說些什麼呢？

二〇一三年九月的採訪是最後一根稻草，當時一名記者問我關於我的大批同志粉絲，並問我如何看待這件事。她就是不肯放棄，爭辯說人們覺得我是同性戀者，問我對此有何想法。

「我完全不在意人們怎麼想，但是我能理解為何自己會有大批同志粉絲——我人生有大部分時間都穿著泳褲半裸地站在跳臺上，展現自己光溜溜的胸部。」我回應她。

我的心在狂跳。我試著把焦點帶回我的跳水運動，補充說道：「我只在意我的跳水表現。如果人們認為我是同志，或是我不夠專注於跳水，太常出去狂歡，那麼我怎麼做他們都會有話說——如果我過度在意這些言論，我的跳水表現就會開始走下坡。」

我不想說謊，但我同樣不想對咄咄逼人的記者吐實，因為她一直試圖逼我承認自己是同性戀。我開始非常擔心，而且整件事情耗費我太多時間與精力，干擾了一切。我覺得心力交瘁，並感覺自己此刻生活在一個謊言裡，完全沒有按照自己的心意走。

隔天的標題寫著：「湯姆．戴利：我**不是**同志——但我不在乎你是否認為我是。」

我並沒有這麼說，看到被寫成這樣讓我非常憤怒。我不懂為什麼會變成這樣，我的話怎麼會如此被曲解。我一開始的反應是我想要反擊並堅持修正，但正如我經紀團隊裡其中一名成員當時所指出的，在那種情況下我唯一能說的就是承認自己是同性戀。

我開始對此備感壓力，我也很清楚我一直在耗費寶貴的心理能量擔心人們對我的評價。我知道是時候說出來了。

儘管每個人的態度都有所保留，我仍然決定是時候出櫃了；我無可救藥地愛上了一個最棒的男人，也到了不想再隱藏的時刻。

我必須有勇氣向前邁進，並能公開自己的私生活，無論之後會有什麼樣的反彈。為了讓自己在感到恐慌時得以冷靜下來，我開始在腦海中合理化我的性向。即使我出櫃說自己是同志或是雙性戀，我還是能站在跳臺上跳水。我覺得人們一直想要用標籤來定義人，並把人們分類為男同志、女同志、雙性戀、跨性別者，或其他不管什麼類別。事實上，每個人的性別與性向都不同。標籤是用來幫助其他人理解，但有時候並不是只有單一認同那麼單純。人們需要時間去探索自己。以這種直接面對大眾的方式來做這件事，對我來說壓力極大。

儘管在接受差異方面，整個體育界的態度還是落後社會許多，但其美妙之處在於，人們最終還是會以你的表現去評斷你的價值，而不是其他考量。即使我會被奪走一切，包括所有的品牌贊助、未來的職業生涯，不論會是什麼，我都不在乎。只要我還能繼續跳水，並和蘭斯在一起，我就會很幸福。我可能不會有錢或備受喜愛，但我仍然可以是個優秀的跳水選手。不論我做什麼，都可能會有人跟我說我是錯的，但我只要自己能有足夠的堅強去過忠於自我的生活。為了做到這點，我知道我必須誠實面對自己的感受，而我和蘭斯正在交往，所以我開始思考這件事，並和我的公關團隊、我的母親與蘇菲討論關於出櫃的最佳方式。我不想在雜誌上談論這件事，或在電視節目的採訪中和盤托出。我不要任何人扭曲我說的話，所以我決定以自己的方式出櫃。

我的每則公開宣言都是透過我的社群媒體發出，所以我慢慢開始覺得在YouTube放上自己拍攝的短片會是最好的方式。我知道這樣我可以完全說出自己想說的話，沒有其他的加油添醋，而如果有人之後打來想要任何進一步的說明，我只要告訴他們回去再看一次影片。我會說出所有需要交代的事。我也清楚自己不想被人們說我從這件事賺錢，所以我特地關掉這部影片可能出現的所有廣告，讓這部影片去收益化（de-monetise）。

有一天晚上，我坐在臥室裡，思考著自己到底想說什麼。我必須讓自己思緒清楚，這樣我說話時才不會雜亂無章。我不想脫口說出一切，變得憤怒或胡扯，所以我做了一些小抄，然後把我的 iPhone 架在桌上，切換成自拍模式，開始說話。回放影片給自己看，我感到身體不適，心想：「我就是做不到，我不能把這個放上網。這根本不可能……」

我整個嚇壞了，甚至一想到手機裡有這部影片就讓我非常焦慮，就像它在我的口袋裡燒出了一個洞。我回頭看了影片，對自己中間停頓與結巴的次數感到非常驚訝。我知道自己對於出錯或說出冒犯別人的話感到極度緊張。現在我知道自己當時只是想太多。

我把影片給媽媽看，她看過之後給了我一個大大的擁抱。我也把它展示給我的經紀團隊看。那時他們已經知道這就是我想做的事，而且這終究是我的生活。他們進一步證實了我已經知道的事：我可以把影片放上 YouTube，然後它就完成了；他們還告訴我：「湯姆，如果這會讓你開心，你就去做吧！」

我們共同決定再拍一次，然後就放上網。

所以我在房裡拍了第二次，只有我和我的手機，以及我的想法。然後我把這部影片擱置了幾天。

我感到非常非常緊張又擔心。那時我已經告訴兩個弟弟，我和蘭斯在一起的事。他們一開始以為我是在開玩笑。我們的關係一直建立在互開玩笑打打鬧鬧上——我贏得奧運獎牌後，他們取笑我：「哈哈！你是第三名！」這就是我們的相處模式，但他們很快就知道我這次是認真的。他們只是聳聳肩，說他們完全沒有問題。

所以我的母親和弟弟們完全知道整個事情經過，但我還是得告訴其他家族成員，包括我的祖父母。我知道不能讓他們看到 YouTube 上的影片後才知道我是同志，或甚至更糟，經由鄰居或其他人告知而發現。

首先，我從瑪莉姑姑與傑生姑丈開始，還帶上表哥山姆一起尋求道義上的支持。姑姑完全支持我，還開我玩笑說自從我小時候著迷於用粉紅色擦碗巾把自己裹起來像穿裙子一樣時，她就知道我是同志了。顯然地，如果不是剛好完美、正確的角度，以及到腳踝的長度，我就會發瘋。

我父親一直是個風趣的人——他能夠在最尷尬的場合中讓大家發笑，他的手足也有這個能力。我父親的弟弟，傑米叔叔，聽到這個消息後，問我要不要來杯茶。他按捺著笑意問我：「要不要加糖、加奶精？」

瑪莉姑姑告訴我其實我已經知道的事，就是我必須去見蘿絲奶奶和丁克爺爺，並告訴他們這件事。我一直和爸爸的父母非常親密，他們在我成長過程中非常支持我，是我生命中非常重要的一部分。我父母從他們才十五歲時就在一起，二十一歲結婚，二十三歲時生下我。爺爺奶奶就住在我們位於德瑞佛德（Derriford）的第一個家附近，與我們相隔幾戶，當我還很小時，有時會自己打開花園的門，搖搖擺擺地走到他們家，有幾次嚇到我媽媽，以為我走丟了，後來才意識到我在哪裡，在奶奶家廚房找到我在喝果汁。我們一直以來關係都非常緊密，我知道自己在運動上的成功帶給他們無限的驕傲；他們經常和爸爸一起到比賽現場，在人群中為我加油。

我內心深處認為他們會因為對我無條件關愛而能接受，但當我開到路的盡頭並敲著他們家的門時，我的心還是緊張得狂跳。我們開始聊一些日常瑣事，他們幫我們準備飲料，我就是無法對他們說出口。最後，我深呼吸，鼓足勇氣說出來。起初，我告訴他們，蘭斯來普利茅斯是想拍一部關於我的紀錄片。這似乎是個很好的說詞。

「你們知道蘭斯，他是一個很棒的人，對嗎？」我開始了……

「喔，蘭斯，他是一個很好的年輕人。」蘿絲奶奶回應道。

「嗯……基本上，我和蘭斯正在交往。」我說。

「你們當然在交往。你們不是在一起拍紀錄片嗎？」

「呃……不是你說的那種交往。我指的是，只有我們兩個人在一起的那種。」我就是沒辦法說出那幾個字，「他是我的男朋友」，或是更直接的，「我是同性戀」。

「你當然是和他一起啊！」她不太理解我的意思。

然後，我看到角落裡的爺爺開始哭了起來。爺爺無法接受這整件事，而奶奶試著接受，但就是不行。

「唉，湯姆，你真的認為這樣是自然的嗎？你爸爸會怎麼想？」爺爺對我說。

他們無法接受這件事，讓我感到非常難過。在那之後，我們的關係變得很緊張，但在那次談話後，我知道他們對這件事要麼贊成要麼反對。我無法做任何事來改變這個狀況。我想過許多許多次，我父親對這一切會有什麼感覺。我確定他會需要一些時間來消化這件事，但我知道他會希望我幸福，而且我能想像他和蘭斯會非常合得來。我現在回顧過去，可以理解他們最初的反應是來自於不了解不同性向，或是不認識任何公開自己是同性戀的人，但不用說，我非常受傷。這也讓我非常害怕來自廣大群眾的反應。如果我的祖父母覺得這很難接受，那其他人會怎麼說呢？這份恐懼落在我的肩頭上，顯得格外沉重。

然後我還得告訴我的外公外婆。他們也住在普利茅斯，我也和他們非常親。我發現去他們家的路程非常難以忍受。我以為珍妮外婆和道格外公會氣炸。在兩方的祖父母中，我原本以為這次的談話會比上一次糟糕得多。我和我媽帶他們到外面吃飯，媽媽知道我必須告訴他們，我卻無法對他們說一個字。

媽媽一直試著幫我，說：「湯姆，你有什麼話要說嗎？」但我只回：「是的，我要謝謝你們陪我吃飯。」

當媽媽建議回我們家喝茶時，我真的是緊張到要昏倒。我的胃不停地翻攪，喉嚨又乾又沙啞，而且雙手不停發抖。

道格外公發現我抖動的雙手及怪異的舉止，問我是否還好。媽媽看出我難以鼓起勇氣，就趁這個時候說出：「湯姆有事要告訴你們。」好逼我攤牌。

我脫口而出說我隔天會發布影片。我的聲音非常不鎮定，而且變得非常尖，我甚至完全沒有停下來喘口氣，就說出了最重大的一句話：「我得讓你們知道，明天我會在網路上發布一段影片，說我正在和一名男子交往，那個人就是蘭斯。」

「好吧，但這有什麼大不了的？」珍妮外婆說。

「是沒什麼大不了，但蘭斯是我的男朋友。」我以為對話的發展會和蘿絲奶奶的一樣。

「好啊，如果你開心，我們就開心。」她說。

「對啊！就是這樣。」道格外公聳肩附和。

他們都給了我一個擁抱。當所有的壓力開始平息時，那種鬆一口氣的感覺是難以招架的，但我知道最後一切都會沒事。我跨過了第一道障礙。現在我生命中所有重要的人都知道了。

隔天早上就是決戰日，我知道自己得硬著頭皮上。我正在拍攝電視節目《嘩！》，內容是我們在普利茅斯的泳池以「新兵訓練營」的方式訓練明星藝人跳水。我試著專注於手邊的工作，但一整天都心煩意亂，對大眾的反應感到害怕，但錄影之後再過幾天我就要飛到休士頓和珍一起訓練幾個星期。我想在離開之前處理這件事，免得一切都出錯，並期望著如果自己遠在好幾千英里外的德州，就可以避掉任何反彈聲浪。

拍攝期間的休息時刻，我坐在走廊的地板上，完全不知道自己該怎麼做。我一直和我的朋友麥克聊天，他是節目的製作人之一。他告訴我，會沒事的，但我還是無法克制自己的緊張。我的教練安迪走過我身邊，他也是這個節目的評審。我幾乎認識他一輩子，他也一路看到我所有的高低潮。我告訴他自己即將採取的行動，他給了我一個大擁抱。

他拍了拍我的背，對我說：「小夥子，今天是你的好日子，一切都會沒事的。」

我決定硬著頭皮發文，以冒汗潮溼的雙手握著手機打字：「我想說一件事……」

我的手機被各種訊息轟炸了。我曾預想這會演變成糟糕的醜聞——但完全不是這麼回事。透過社群媒體湧來滿滿的愛與包容，以及許多朋友與同事傳來的打氣訊息。最重要的是，說出事實真的讓人如釋重負。那感覺就像是難以負荷的重量從我的肩膀移除了，好像自己比以前少了二十公斤。在社群媒體上有幾則恐同的留言，但整體回應是一面倒的正面。這些支持與鼓勵讓我感到非常驚喜。我完全沒有感受到任何負面情緒。我對整件事情的發展目瞪口呆，從未想過這則新聞會有如此正面的迴響。那天剩下的時間是在我已經記不清楚的拍攝工作中度過。當我離開普利茅斯的泳池時，已經有成群的攝影記者在外等候，伸長著脖子想要捕捉我的畫面。

在 YouTube 發布影片後，我的經紀團隊接到一堆電視節目、報紙與雜誌的專訪邀約。我覺得沒有公開說任何話就去美國是不適當的，而且戴著墨鏡趕搭飛機過去待幾週，和我剛剛做的事情背道而馳。我不認為自己應該躲藏起來，我厭倦了這種見不得光的感覺。我對自己感到驕傲，我也不想再有任何羞愧丟臉的感覺。

經紀人建議我接受一個專訪，我同意了，而剛好《強納生羅斯秀》（*The Jonathan Ross Show*）在我飛往休士頓的前一天錄影。我同意接受這個節目的訪問。

和我媽、表哥山姆與蘇菲在倫敦開車真的非常瘋狂。狗仔隨時都在我們身邊，我們甚至寸步難行。我一直試圖和媒體維持良好關係，而且對要求合照的人們都來者不拒，但這都是在可控制的前提下。現在完全是另一種程度；有汽車追逐，以及來自四面八方的跟拍。攝影者會從車窗瘋狂地拍照。這就像是貓捉老鼠的遊戲。我們會溜到某個地方吃晚餐，然後在吃甜點的時候，狗仔就會追上來。這真的很可怕。

那時候，每個人都在查蘭斯的身分。當時他人在俄羅斯，因為《自由大道》在電影節上放映，所以他也經歷了同樣的事。有許多關於他性向的猜測，蘭斯在推特上開玩笑，以一種詼諧的方式證實：「我到俄羅斯之後睡了一整天。我錯過了什麼嗎？」他的其中一個朋友諷刺地說：「讓我好好地深入研究一下。沒有，你沒錯過任何事，一切都很順利。」另一個朋友則寫道：「你沒錯過什麼！最近沒有人在新聞界引起轟動。」

有一些關於年齡差距的批評，但我成長得很快，在許多方面，以成熟度來說，我覺得自己比蘭斯成熟許多。由於我的經歷，我很難與同齡的人相處，我認為這是我和蘭斯合得來的原因之一。無論如何，年齡對我們來說從來不是問題。我很快就了解到，如果其他人對我的私生活有任何意見，我就讓他們說。其他人的意見不值得讓你放在心上。

坐在攝影機與電視臺攝影棚的現場觀眾前，我冷汗直流。除了家人和朋友，我還沒跟任何人公開介紹過蘭斯，突然間我上了英國最重要的節目之一，公開我的性向與戀愛關係。我上節目只是希望能傳遞我在影片中想傳達的內容——我戀愛了，而且很幸福。

「讓我們來看看：本週最大的消息。各位先生女士，誰想得到呢……《嘩！》要拍第二季了！真是好消息，公開這件事真是太好的消息了！」強納生俏皮地說。

觀眾笑了，我不再屏住呼吸，放鬆下來和他們一起笑。

「我知道，我知道。」

我們很快地聊到節目、收視率，以及參加節目的名人——包括強納生的弟弟——還有關於節目的八卦。我知道會有更重要的問題等著我。

「……接著是你這週所做的公開宣言。你放上YouTube的影片。告訴我們你選擇以這種方式公開的思考過程。為什麼是在YouTube？為什麼是現在這個時間點？」

我知道我可以只說出我的感覺，以及用其他方式做會有什麼結果。

「老實說，這是一個可怕的決定。我不知道大家會有什麼反應，事情會如何發展……我只是覺得自己需要說些什麼。一直都有謠言與揣測，我想要用自己的語言，為自己的心說些什麼，因為我不知道還能做什麼。我不想讓自己在不利的狀況下被抓住馬腳。我希望自己的生活是誠實且公開的。很明顯，我生活中有些部分是私密的——我承認比例不高——但我覺得必須說點什麼。我現在非常幸福——有大家的支持真是太棒了。」

我感謝所有人的支持，人們歡呼起來，甚至有人大喊：「湯姆，我愛你！」我記得自己覺得被解放了，但更多的是覺得終於鬆了一口氣。我有勇氣在鏡頭前告訴每個人，現在我能做自己了，不用再那麼擔心了。

就像一般大眾，英國跳水界也有著極強的保護色。我更在意的是世界運動舞臺會如何看待我的新聞。一年後的二〇一四年，我沒有參加在俄羅斯的比賽，因為我非常擔心體育界的反應。除了受傷，我也因為聽到關於暴打、綁架與折磨同志的事情而嚇壞了。我從來不去過分解讀關於這些事件的本質，但我知道這些事情仍持續發生。當跳水隊的每個人歸隊並談論這件事時，我很懊惱自己不在場。這是一個錯誤的決定，因為我太害怕了。我告訴自己，絕對不再因為這個原因而錯過任何比賽。

我現在覺得自己非常幸運，能以我本來的樣子參賽，不需要擔心後果。我經常去俄羅斯比賽，在其中一場賽事，我上頒獎臺領獎時，很自豪地在胸前別上彩虹別針。我再也不害怕了，反而覺得同志性向賦予我力量。漸漸地，想要變勇敢的決心，改變了我的心態，我覺得積極使用我的平臺是一件重要的事。我希望任何在性向認同上遭受困難的俄羅斯年輕人，如果看到這幕，會變得更堅強，並受到較少壓迫。出櫃後，我也曾到中東地區比賽，這個區域裡有些國家還是將同性戀視為可以判處死刑的罪行。我認為，以男同志的身分參賽並上臺領獎，比杯葛賽事來得更加有力。這顯示我們是真實且存在的。這樣的力量更強大。我希望我們能夠達到一種境界，人們能夠被平等對待，並以他們在球場、泳池或任何地方的專業領域表現來評價他們，而不是以他們的私生活。每個運動員都在奮力爭取平等的運動場域，我非常幸運能在自己的運動項目裡被接受。自我在二〇一三年出櫃以來，我們已經有了很大的進步，但有時恐同的是粉絲而不是運動員。我不認為運動界裡的相關人士有那麼在意，但例如當足球迷以口號妖魔化球員的某些事情時，可能會讓人感到不快——不只是性向，還有種族方面。總的來說，事情絕對是往好的方向發展，這絕對是好事。只有透過故事分享，我們才能改變人心，並為不同的人搭起橋梁。

拿回自己在媒體的話語控制權感覺非常好，曾幾何時，它是不受控的。我的影片已經有超過一千兩百萬次的瀏覽，這件事似乎很不可思議，但我希望它能幫助其他可能對自己的感覺或與眾不同感到害怕的年輕人。我認為，越多人談論自己的狀況，就會有越多年輕人覺得有能力做相同的事。每個人在某種程度上都會有些差異，重點是要能夠欣賞並接納那些差異。這些差異可以讓我們從生命經驗中脫穎而出，透過做自己，做真實的自己，我們能擁有真正的快樂。

我們經常被告知要做自己，但這到底是什麼意思？「就做你自己」、「就做你想做的」、「就聽從你的直覺」。其實這些言論裡不該出現「就」這個字，因為在現實世界這實在是太難。我認為，我們經常被告知要怎麼做、應該如何表現、該怎麼看、該相信什麼，我們生活裡的每個部分都以這樣的方式受到檢驗。我們都能感受到從眾的壓力。有時候，做自己真的很具挑戰性，尤其當這樣做會與主流價值不合時。我總是表現自己，但有一段時間我藏起內心真正的感覺，以及對我很重要的東西。我感到窒息，那感覺就像是身上纏了鎖鏈。回顧過去，我希望自己能從一開始就無條件地做自己，但我的決定基礎是來自於恐懼。

我一直都很清楚自己是誰，以及什麼會讓我幸福，但從更廣的角度去承認我的戀愛關係與性向讓我更具包容性，並且比較不在意其他人的想法。這在當時似乎是不可能的事，而且我感覺自己好像永遠無法擺脫這個困境，但現在我能以忠於自己的方式生活並做自己。我不想覺得羞恥，不想假裝，不想取悅其他人，或是因為社會對「正確」事情的看法而以特定方式行事。我的重點一直是更誠實與更有尊嚴的生活，而不是表面的成功。我們應該能自由地探索自我，而不需要去擔心什麼是「對」或「錯」。我曾經因懷疑而飽受痛苦，但我知道我是想要以自己的方式與規則過生活。我現在因此而備感幸福。

Acceptance

接受

人們會以許多不同的方式失去親人。緩慢地，快速地，無預期地。每個人的處理方式不盡相同，但都盡其所能地處理自己的哀傷。每一次的經驗都是獨一無二的。我在二〇一一年失去父親後，了解到哀痛是沒有終點的，我學會更自在地和這樣的感受共處。我意識到壓抑自己的情緒只會讓這樣的悲傷滲透到我生命中的其他部分，讓我無法全然享有最美好的時刻。我有很長一段時間沒有好好地為失去父親感到悲傷，雖然我不會再是那個他在我身邊時的同一個人，但我還是可以談論他並保有對他的回憶。我已經學會了悲傷並接受自己感受的能力。

我的父親傾注了他所有的時間與關愛在經營家庭生活，早餐做鬆餅給我們、帶我和弟弟們學走路、跑步及閱讀，在沙發上把我們捆在一起，逗我們笑到流淚；他總是在我們身邊。

我七歲開始學跳水。我們住在普利茅斯的海邊，我的父母就像所有父母一樣，希望我是一名游泳健將，具備在水裡應變的能力。社區游泳池正在宣傳跳水課程，年紀較大的孩子以各種不同角度從跳臺上跳下去，我立刻被吸引住了。爸爸說我和威廉可以去試試看，然後就掏出二十五英鎊買了五堂課。威廉有一陣子比我厲害，很快就學到不同的跳水動作。我們兩人之間的比較是很好玩的。一段時間後，威廉開始對其他運動比較感興趣，放棄了跳水，但我還是繼續每週上課。跳水激起了我的興趣，我的父母也非常開心，因為我找到了自己感興趣並樂在其中的活動。我開始努力通過不同的證書，沒多久，我已經可以做出團隊中沒人能做到的困難跳水動作。一週一次的課程變成兩次，我開始在團隊裡比賽並贏得獎盃。又過不久，我開始進行更多訓練，每週花好幾小時讓自己的身體準備好參加賽事，並參加訓練營。我十歲時就自己和泳隊去了澳洲。

這麼小的年紀就離家去跳水訓練營，讓我非常想家。我經歷了嚴重的失眠，在深夜哭著打電話給父母，威脅要把自己從窗戶丟出去，說我寧願去死也不要待在什麼訓練營。很明顯我說這些都不是認真的，我只是以非常激烈的方式表現我的情緒，並且不怕對他們大聲說出來。

我的雙親是讓我感到安全的重要力量。如果可以的話，他們會來訓練營看我，在隔壁旅館待到訓練結束，並在我晚上崩潰時提醒我，他們離我很近。我非常喜歡和朋友一起跳水的時光，可以讓我忘記前一晚的緊張不安；想家的煎熬只會出現在晚上要睡覺的時候。他們從不對我說，不要這麼幼稚，趕快去睡覺，別再像個還要爸媽陪的小嬰兒；他們一直都是試著同理我，問我問題，幫助我弄清楚自己為什麼會有這種感覺。當我說出來後，我就會更清楚為什麼我會感到沮喪或悲傷。我就可以去睡覺，在隔天醒來時準備好迎接另一天的跳水訓練。有好幾年的時間，我一直在和這種感覺搏鬥，每次離家都會嚴重想家，一直到十三歲才逐漸好轉。幾乎每一次離家都一定會上演相同的戲碼，但我父母從不忽視我的感受。

不同於許多家長會在孩子熱衷運動時試圖專注在技巧上，期望能「加強」自己的孩子，並在泳池旁對他們下指導棋，我的父母從未這麼做。他們甚至從未試著了解什麼是跳水。無論我去哪裡，父親總是陪伴著我——我們都叫他「司機老爹」，因為他每週都載我去離家裡三英里的五月花中心（Mayflower Centre）訓練，然後到全國各地參加比賽。但他從來不會試圖了解我需要加強或再做些什麼。他從未跟我說我的態度有問題，我不夠努力訓練，我應該吃什麼，或是應該要睡多少；他從來沒有試圖這樣做。他只是一直陪在我身邊。他會坐在陽臺上看著我。如果我們去參加比賽，我會努力尋找他帶來的巨大聯合旗（Union Jack，英國國旗），他總會在看臺上不停揮舞著國旗。我們的童年假期很多時候都是在廂型車裡度過，從康瓦爾到法國，那面國旗本來是條海灘毛巾，大得足以讓我們全家都坐在上面。他非常努力，總是參與我的每一場比賽，即使是一些世界各地最遙遠的地方。只要時間允許，我們全家人也會一起過來看。對我父親來說，我的每一次跳水都是很棒的。二〇〇九年在羅馬，當我以十五歲的年紀成為英國所有運動項目中最年輕的世界冠軍後，立刻被帶進一個房間參加記者會。當我坐在房間前面的桌子旁邊時，後面有人舉起雙手，似乎想提問。那人就是我爸爸，我看到每個人臉上納悶的表情：這個人是誰？

他開口說道：「我是湯姆的爸爸，過來讓我抱一下。」我有一點難為情，但他完全不在乎這個世界會怎麼看這名有點微胖的中年男子因為替孩子感到驕傲而哭泣。他熱愛我的每場比賽，也是我最死忠的啦啦隊。跳水之外的爸爸很風趣——他總是開懷大笑並愛開玩笑，不論到哪裡，他總為大家帶來歡笑與快樂，還有巧克力。他全心全意地愛著所有人，並為大家努力付出，特別是為我們家。

爸爸在二〇〇六年第一次被診斷出患有腦瘤。有很長一段時間，我不清楚這意味著什麼，或者癌症到底是什麼。在他被診斷出腦瘤之前的一段時間裡，他發生了一些奇怪的事情，他覺得自己的腦袋裡裝滿了水，好像出現了幻覺。有一天他開車去工作時刮到車子，但他不知道發生了什麼事。他不斷進出家醫科診所，醫生歸因於壓力，甚至把他送去看精神科，因為他也認為這不是身體的問題。父親有著非常忙碌的家庭與工作生活，而且當時他才三十多歲。我完全不曉得情況到底有多糟；現在我知道當他最終得知診斷結果時，腫瘤已經像葡萄柚那麼大了。我當時只是個孩子，在他完成手術並把大部分的腫瘤取出後，我們抵達醫院，看到他整顆頭纏滿了繃帶。爸爸告訴我，家裡附近酒吧裡的每個人給他五英鎊，要他為喜劇救濟（Comic Relief）慈善活動剃光頭。起初，我根本不知道他病得這麼嚴重，因為我從沒看過我媽或奶奶哭泣。

我們一路又跳又笑地到家裡附近的酒吧參加年度「羅伯還活著」派對，因為治療和藥物讓他的癌症得到控制。他非常幽默風趣，對任何事總是只看好的那一面，即使是癌症。我從未看過他抱怨、發牢騷或生氣。去做例行性的磁振造影（MRI）檢查時，他抱怨自己看起來像卡通《辛普森家庭》裡的爸爸荷馬·辛普森（Homer

Simpson）。當有人滿懷關心地問他感覺如何時，他總是說：「大概是十九歲。」

他曾把一句話印在T恤上：「我的燈需要油，使它永遠發亮。」（Give me oil in my lamp, keep me burning.）對我來說，他是永遠不倒的。

當他的癌症在初次診斷的五年後復發時，我知道這不是好消息，而我需要成為媽媽和兩個弟弟的支柱；威廉小我兩歲，班小我五歲。跳水成為更重要的焦點。爸爸一直是我最強大的支持者，隨著病情惡化，他開始以我的比賽和醫院的預約門診為核心來規畫他的時間。沒過多久，他就無法陪我參加國際比賽了，醫生警告他這樣做很危險，所以當我參加於印度德里舉辦的二〇一〇年大英國協運動會（Commonwealth Games）時，他留在家裡。這是我第一次參加大型比賽而他沒有在看臺上揮舞著他的大國旗。一如往常地，我把我的幸運猴打包在行李中——它是我父母買給我的可愛玩偶，從我小時候就和我一起旅行各地，陪我度過想家的難熬時光。這場賽事非常精采，我和我的跳水夥伴麥克斯．布里克（Max Brick）一起贏得雙人十公尺高臺跳水金牌，之後在隔天的個人賽事中我也成功奪金。我立刻在泳池打電話給爸爸，他告訴我，他一直緊盯著電視轉播。

「湯姆，你做到了！」他哭了，情緒十分激動。

漸漸地，父親的狀況似乎越來越糟，但我們並沒有讓自己停留在悲傷的情緒裡。我們開始做一些改變，像是把茶放在他的右手邊而不是左手邊，他也盡可能以最不影響自己和大家的方式努力撐著，繼續生活。爸爸和媽媽都在保護我，不讓我被正在發生的殘酷現實影響。

在父親最後的日子裡，他的健康狀況惡化得更快，但讓我停止跳水完全不在選項裡。我仍然早上起床去學校、去訓練、去比賽，我繼續做這些事情從來不會被質疑。我一直懷抱著希望，他能像之前一樣從疾病中恢復過來。

二〇一一年四月，我從墨西哥瓜達拉哈拉（Guadalajara）的訓練營被叫回家，我無法了解這件事的嚴重程度，也沒有完全理解媽媽跟我說的話——我還在想著過幾天要跟跳水隊去佛羅里達州的羅德岱堡（Fort Lauderdale）參加比賽。我從沒想過爸爸會死；這麼多年來，他一直對自己的病情輕描淡寫，並且總是在經歷挫折後重新振作。媽媽不得不跟我說，他來日無多——可能只剩幾小時、一天或一週，這樣的對話讓我很難接受。我立刻收拾行李，開始痛苦又漫長的歸鄉之旅。我不安地坐在位子上，腦子裡千頭萬緒，時間緩慢地流逝著。

當爸爸看到我回家站在他床前，他緩慢地舉起手臂並在空中揮拳，彷彿在說：「前進！湯姆回來了！」全家人都到了，我的祖父母、姑姑和叔叔。我不得不告訴班，爸爸快要離開我們了；我不認為我媽有辦法告訴他。我也不知道自己是怎麼做到的。

有時候爸爸很清醒，還問了他二〇一二年奧運的前排座位門票是否已經送來，也會考我駕駛理論，因為我剛開始學開車。他曾經很努力地從我們幫他在前面房間架好的醫院金屬病床爬下來，看著才剛滿十七歲的我上第一堂駕駛課，以每小時十英里的龜速在路上緩慢行進。那時他的左眼已經失明，所以我都坐在他的右手邊跟他說話，以針筒把水打進他的嘴裡餵他喝水。有幾天他睡著了，但呼吸非常困難，家人們圍坐在他身邊，但不知道要說什麼，也不知道能不能去睡覺。我覺得這一切實在是太難了。唯一會讓我笑的只有跳水隊的隊友，他們把我的臉貼在木杓上，然後把「我」放在跳臺尾端，再把照片傳給我，假裝我現在和他們在一起。

難以置信的是，父親撐過了我的十七歲生日，接著幾週後又過了班的十二歲生日，只差三天就能幫威廉過十五歲生日。他是一名真正的鬥士，而且不斷推翻醫生說接下來可能會如何或他還剩多少時間的各種預測。我從來沒有放棄他可能會挺過去的希望。

他在二〇一一年五月二十七日過世，才四十歲，當時我們所有人都握著他的手。

他去世後，我馬上歸隊參與訓練，沒有錯過任何一堂課。我不想接受這個事實，也完全不想談。那種感覺就像是用眼罩遮住雙眼，什麼都看不見。在他的葬禮上，我提早離開守靈儀式去里茲（Leeds）參加全國錦標賽。我的表現並沒有很好，就像父親說的那樣，「失敗」了幾次，最後輸給彼得．沃特菲爾德（Pete Waterfield），只拿了第二名。現在來看，我當時還出賽好像很瘋狂，但我已經習慣切割自己的生活，把我的感覺收進盒子裡。我發現要將自己生活的不同部分——我的家庭生活、學校生活、跳水與媒體工作——各自劃分在不同區域是容易的，我下定決心要維持這樣的生活。我會把每樣東西都好好地密封在屬於它的盒子裡。隨著我的課業越來越繁忙，並開始到世界各地比賽，我發現這個系統能非常有效地管理我的時間，也在某種程度上有效地控制著我的情緒。這在之前對我是有用的。我覺得自己應該為了父親回到泳池，如果我沒有回去，某種程度上會讓他失望。我知道他會希望我待在泳池。

當人們試圖跟我談論爸爸，我會盡量說實話，但我感受到太多不同又複雜的情緒，以致於我無法處理失去他的巨大痛苦。他過世數週後，我通過了駕照考試，拿起電話自動撥了他的號碼，之後才意識到自己犯的錯誤，一陣突然的憤怒與傷心襲來，我掛上了電話。我一直期待他會走進門並對我惡作劇。我想著他說話的方式，還有他抱我時雙臂的力量。這一切都非常不真實。我也感覺到自己要扛下非常大的責任幫助我媽確保兩個弟弟都不受影響，並讓我們有足夠的錢生活，這時我的贊助合約提供我們家穩定的經濟收入。我從未真正和人聊過爸爸，尤其是和我的弟弟們。我們會拿他開玩笑，試著捕捉一些他的幽默感，但他留下了一種無法取代的失落和偉大的精神。

葬禮過後的數週，距離二〇一二年倫敦奧運只剩幾個月，開始有許多採訪行程，無可避免地，人們會問我關於父親的事。儘管我的經紀團隊試著保護我，以堅定的搖頭及明顯的指示來轉移問題或是直接拒絕提問，記者仍堅持要問我有什麼感覺。

我有什麼感覺？強烈的，麻木的，心碎的。我感覺到一切，也感覺不到任何東西。我甚至還沒開始消化發生過的這一切。我會一直重複他要我繼續跳水這句臺詞。這是我確定知道並能緊緊握住的事。和跳水隊出門比賽給了我一個空間去忘記，並讓我的頭腦能專注在其他事物上。家裡有一股令人無法招架的悲傷籠罩著整間屋子，以及屋子裡的每個人，而跳水能讓我逃離這種感覺。我想，這或許也為全家帶來了安慰；爸爸非常投入這項運動，所以它也成為家人之間的關鍵連繫。知道我的跳水對他來說意義重大，這也在他過世後推著我們往前進。在他葬禮後的隔天，我的母親和弟弟們也在里茲的看臺上觀看全國錦標賽。那幅巨大的英國國旗很明顯已經不在。

我那時在奧運話題上常受到媒體關注，《每日郵報》（*Daily Mail*）以電影《絕地七騎士》（Magnificent 7）為標題，選出七個他們認為很有希望在奧運奪牌的選手，並在賽前七年追蹤他們為賽事所做的準備。身為這則新聞的主角，我們和其他媒體一起宣傳奧運，參觀了由偉大的伊拉克裔英國建築師札哈．哈蒂（Zaha

Hadid）所設計的倫敦水上運動中心，這是棟從地面朝上的建築物，呈現出辨識度極高的獨特造型。我戴上工地安全帽在跳水臺上擺姿勢拍照，感覺非常奇妙，因為它和我認識的跳水臺完全不一樣；它們好像從地板上湧出來的波浪。

爸爸的骨灰放在黃金打造的心型墜子裡，讓我媽、我弟弟和我自己能永久珍藏。但大部分的骨灰現在是放在這個倫敦水上運動中心的跳水臺階梯地板下方。在二〇一二年初奧運比賽開始進行的時候，他們挖空一塊地板，把我爸的骨灰裝在一個盒子裡放進去。這意味著他以某種方式存在於運動中心。他的骨灰被放在一個金屬盤下方，那是我訓練時放水壺的地方。我知道自己再也無法親自把我的跳水狀況告訴他，但知道他在這裡帶給我一些安慰。爸爸會知道我表現得如何，我能想像他的臉，並記住他鼓勵我的話語。

為了準備二〇一二年倫敦奧運，每天的訓練都經過非常仔細的規畫。整個計畫有著非常完整的架構，包含例行公事與遠大目標。當我們朝最終目標前進時，每一個小小的努力都會被認可。我覺得自己大部分的時間都在為這場比賽做訓練。

我二〇一二年所有的賽事，父母和家人不被允許進入泳池邊觀看比賽，而且他們很難拿到門票——最後我母親不得不威脅不簽署讓我參賽的免責切結書。所以在跳水臺階梯下的爸爸，擁有全場最好的位子。

爸爸無法親臨二〇一二年倫敦奧運，意識到這個事實後，我更直接感受到父親已經離開我的殘酷現實。我每次走上跳臺去跳水之前，都會觸摸有他在的階梯。我當時頗為迷信，覺得這個動作對我來說非常重要。然後突然間，一切就發生了：我脖子上掛了銅牌，我往觀眾席望去，媽媽、弟弟們都在，每個人都高興地一直跳，開心地歡呼。但沒有爸爸。我看不到他總是帶在身上的那面大旗。我記得我往上看了運動中心的橫梁，看到所有參賽國家的國旗和最大的英國國旗，心想：「天哪！老爸，我們做到了！」我知道他會想拿國旗把自己包起來，跳進泳池和跳水隊一起慶祝勝利時刻，並且會在中間晃動，他的光頭讓所有隊員更顯眼。

我把這視為「我們」的成功，是「我們」贏得獎牌。從來就不是只有我個人，這是團隊的努力。這包括整個團隊，例如安迪和我的跳水夥伴，但對我和爸爸來說意義更重大，就好像他從未離開。他的擁抱和雙手環抱我的感覺仍然十分真實，但在那一刻無法看到他開心的模樣讓我非常傷心。我不知道自己應該要有什麼感覺；

我是否應該坐下來大哭？我試著盡量拋開這些感覺，好好享受這一刻。

蘭斯搬來倫敦時，他注意到我無法公開表達愛意。靠近他會讓我非常緊張。

有一天，我們在史特拉福（Stratford）的西田（Westfield）購物中心搭手扶梯往下時，他伸手臂摟住我，我馬上變得非常緊繃。

「你為什麼要這樣？」他問。

我知道他指的是什麼。

「你可以對我敞開心扉，」他說，「接受我對你的愛，不要把它推開。」

我們開始聊我的感受，以及為何我不愛碰觸別人。

「我知道，」我嘆了一口氣，「我只是太多疑，害怕失去身邊的人。我非常擔心會發生什麼事把你從我身邊帶走。」

「聽著，我不會消失或人間蒸發。我愛你。」

之前沒有人公開質問過我為何不讓人走進內心，就像我對父親過世所產生的各種情緒都被掩蓋了起來，因為害怕我們所有人都會崩潰而不想掀開。我覺得也沒人想和我聊父親的事，因為他們不想讓我傷心。有些時候我覺得自己好像可以聊他，但我不想和那些跟我最親密的人聊，因為我也不想讓他們傷心或覺得尷尬。我還覺得自己應該要成為一家之主，照顧家裡的每一個人，這讓我很難對家人敞開心扉。我得為了他們堅強起來。

但是蘭斯對我提出這點，開啟了新的對話，我們坐下來吃午餐，並聊了更多關於我為什麼這麼封閉的原因。我知道如果自己打開心房，就很容易受影響而變得脆弱易碎。我並不怕蘭斯和我分手——我對我們的關係有百分之百的安全感——但我害怕以某種我無法控制的方式失去他。我們聊到這份恐懼源自於我失去了爸爸，以及我並沒有真正消化這整件事。我開始了解到，我不能一輩子都封閉自己的內心，只有處理我的哀痛，我才能感覺情感的深度。

「你得找人聊這些事，或是跟我聊也可以。我想知道你的感受。跟我說你對你父親有什麼感覺。」蘭斯對我說。

直到這次對話，我才意識到自己以前在情感上有多封閉。我永遠不會表現出來，總是一直不斷往前，不管自己感覺如何，就是得裝作勇敢的樣子。蘭斯告訴我，在他面前我可以脆弱並卸下防衛。如果我度過了糟糕的一天，我就必須跟他說，並和我的哀傷共存，而不是把它推開。唯有如此，他才能夠支持我並陪我度過。如果我不能依靠他，那我還能依靠誰呢？在那之前，我甚至都還沒有試著理解自己的情緒。只有等到我坐下來和自己共處的時候，才能真正去消化我所經歷過的事，才能同時感受好與不好的部分。

慢慢地，我開始去想並談論自己對父親的思念，即使只是他在週五晚上炒菜給我們吃或週六點中國菜外帶這樣簡單的事。

有一天晚上，在我說出我有多懷念這些事之後，蘭斯問我：「你為什麼不再做這些事了呢？」

「這會提醒我有多想念爸爸。」

「我們就保留這些傳統並慶祝它們，讓回憶持續下去，因為那是你和他一起做過的事。」蘭斯對我說。

「現在你這麼說，感覺很有道理。」

悲傷並不會完全符合所謂的五個階段，我也不需要有接受現實的壓力，以及把父親拋在腦後。父親將會一直是我生命中的一部分；這不是說我所感受到的情緒就會奇蹟性地消失——我只需要和它們共存，不用試著去逃避或修復它們。

現在，當我訓練得很順利或是在比賽中有好表現時，我經常想：「不知道爸爸會覺得怎麼樣？」我也經常想像他會是一個什麼樣的爺爺，然後發現自己在微笑。他經常表現得像個大孩子，所以我知道他擔任這個角色一定會非常得心應手。我知道自己永遠不會有答案，這很困難，但我正在學習如何帶著對爸爸的回憶過自在的生活。隨著時間過去，我了解到並相信，度過糟糕的一天，以及主動談論我有多想念爸爸，都是可以的。一切並非總是完美；在歡樂的場合，像是我的婚禮或是羅比出生，我都會感覺到一絲疏離，好像自己坐在電視機前觀看關於我的生活的電視節目。我感覺好像爸爸就坐在我婚禮的前排位置大開玩笑，或是在我媽身旁抱著他的第一個孫子。這感覺像是我的頭腦在保護我免受最壞與最好的情緒所傷害。但我現在比較能分辨我想念他的時刻，並能分享那些他生前的想法與故事。我想記住那些特別的時光。

現在我知道心理健康並不是只感受正面的情緒，而是感受完整的情緒光譜，並談論我內心深處的感受，不論是哀傷的、糟糕的或醜陋的，都不是軟弱的表現，反而是一種力量的展現。最初，談論我的感受是可怕的，但當我打開心房，這變得更有意義了。現在，我無論是和家人，或是和蘭斯，都能有更坦承的對話。我們會聊爸爸，藉由過去的回憶讓他一直鮮活地存在我們心中，而我也會談我的感受。我接受這一路走來的高低潮，以及遇到的困難。這是一種更健康也更快樂的生活方式。了解那些情緒並接受它們，讓我能夠理解自己當下需要的是什麼。透過接受，我現在有更深的存在感與平靜感。

Purpose

目標

在二〇一二年倫敦奧運的最後準備階段，我的行程非常緊湊，在那之前有很長一段時間我是學校與訓練兩者兼顧。我在中學遭到霸凌後，得到普利茅斯學院的獎學金。當時覺得做出離開朋友的決定很困難，但那是一個完全不同的環境，而我也很快地交到一群游泳好手新朋友。

雖然課業越來越繁重，我還是每天待在游泳池六小時以上。我把我的普通教育高級程度證書（A Level）原來的兩年課程分成三年上完，好讓我在準備奧運訓練的同時，課業能比較輕鬆。我會去學校上早上的兩節課，接著做兩個半小時的訓練，然後回學校吃午餐並再上兩節課。之後我會另外再做兩個半小時的訓練，然後才吃晚餐、做功課、上床睡覺。

這樣的日子在二〇一二年倫敦奧運之後就結束了，我不必再像之前一樣過著嚴格又忙碌的日常生活，而我以每小時九十五英里的車速往返的路程也戛然而止。這在某方面算是解放，但我也感到有些漫無目的。儘管身邊總是圍繞著一群朋友，我完全無法說出這種感受。我被教導說我可以克服任何困難，而我也證明自己可以做到；我成功地達到我想要的目標，所以從未想過要和任何人聊我的感覺。我知道任何人都無法理解，除非他們和我有相同的經歷，因為即使是我自己，也會覺得這一切並不合理。

造就一名成功運動員的要素就像一幅複雜的拼圖，但責任感、野心與專注力都在很高的排名。任何一名運動員都可以告訴你，奧運結束後再也沒有其他競賽有這樣的高度與規模，這讓人感覺自己沒辦法再凝聚同樣程度的專注力與動力。在任何運動賽事裡，參賽者彼此在體能上都可以旗鼓相當，而心理素質才是讓我們分出高下的原因。這是心理戰。奧運後憂鬱症是真的。對剛滿十八歲的我來說，一直以來都被貼上「就是」一名跳水選手的標籤，讓我在二〇一二年倫敦奧運結束後的幾個月，一直在質疑跳水是不是我真正想做的事。我剛獲得我畢生都在努力想贏得的勝利，然後出現數不清的機會，讓我覺得有必要去一一探索它們，才會知道自己要的是什麼。那是我生命裡覺得必須更認識自己以及什麼對我來說很重要的一段時間。

所以在奧運結束後不久，我開始無法專注在自己的運動上，這一點都不意外。我在普利茅斯買了我人生第一棟房子，離我的老家不遠。那是一棟有五間臥室與一個大花園的房子，朋友經常過來聚會。我經常辦派對，每個人在每個週末都會過來我家，一起窩在客廳裡。那是一個典型的年輕人住所，到處都是空啤酒瓶與成堆的披薩空盒，地板上有睡袋，還有堆積如山的髒衣服；現在回頭看，我懷疑自己到底是怎麼在那堆髒亂中存活下來的。我還和教練安迪談條件，讓我週末可以不用訓練。在這之前，我只有週日可以休息。週六不用訓練，讓我可以在週五及週六晚上出城和朋友喝酒狂歡，現在似乎對我來說更重要。我要盡全力訓練的決心開始動搖，而且我完全沒有幫助自己改善。

我一直都有在從事各種媒體工作與合夥事業，但在奧運後，品牌與媒體邀約逐漸增加，讓我無法知道自己可以或應該做什麼選擇。每一次能和新認識的人一起工作的新機會，會附加不同金額的費用，我最終還是得決定如何取捨，而當時我至少有五種不同的未來人生規畫可選。這就像有一種小朋友的遊戲書，如果你選擇一種旅程，你最後會跳過所有其他的情節，但我非常想探索一切。有一陣子，我在轉體跳水上遇到瓶頸，讓我非常想放棄跳水。但更大的問題是，那我之後要做什麼呢？跳水是我一直想做的事，如果我再也不想跳水，那我會怎麼樣呢？

我想過所有的可能性：我是否能成為演員、歌手、電視節目主持人，我的意思是……有何不可呢？我很天真，一直試圖尋找當跳水選手以外的路。參加更多比賽與二〇一六年里約奧運的可能性，我當時都沒有想過。對一個十八歲的人來說，四年是一段非常漫長的時間。我希望有其他可能性出現，它會非常不同、非常刺激、非常迷人，讓我不需要再去顧慮及擔心跳水。這就像是自己在十八歲時有了中年危機；我只是個孩子，瘋狂地想要從一個黑洞中盲目地摸索出一條爬出來的路。現在我明白自己只是在逃避，因為我對自己不滿意。

我一直都很喜歡我曾做過的電視工作。我曾經參與過幾部關於自己生活的紀錄片，並以明星隊員的身分參加了幾個益智遊戲節目，還在《運動救濟》（Sport Relief）這個喜劇救濟與電視臺合辦的慈善活動中擔任電視募款人。我喜歡和新朋友互動，而且在電視上做現場轉播讓我腎上腺素飆升。所以我迫不及待地接受了可以在二〇一三年和 TwoFour 電視製作公司一起實現的兩個機會，他們要我在《嘩！》這個電視節目中，擔任指導名人學習跳水的專業導師，同時也主持一個旅遊節目，當背包客探訪世界各地。

《嘩！》的整個概念看起來很瘋狂；如果十年前有人跟我說電視上會出現一個

在週六晚上黃金時段播出的跳水節目，節目裡會有一群穿著萊卡緊身泳衣並塗著口紅的藝人，我是絕對不會相信的。更不用說竟然讓穿著泳褲的我成為節目焦點。但這節目也非常專家導向，需要專業跳水選手訓練藝人並評判參賽者的表現。他們不能隨便找人，這意味著我認識參與這個節目的許多人。安迪就是其中一名評審，還有前奧運銀牌得主里昂．泰勒，他也曾在我的早期跳水生涯中稍微指導過我，另外還有喜劇女演員喬．布蘭德（Jo Brand）。我的跳水圈所有相關人士都因這個節目而有另一種表現形式，這就像我運動裡最精華濃縮的部分與全新規模的電視和娛樂結合。做出一種新形態也讓節目非常刺激：明亮的燈光穿過盧頓的奧運規格泳池，這表示泳池可以像電視攝影棚般明亮，攝影師穿著潛水服在高臺與在泳池裡進行各種角度的拍攝。

所有明星都在他們工作或住處附近的泳池接受跳水指導員的訓練，但他們每週都會到普利茅斯參加由我主持的高強度「新兵訓練營」。我會在早上訓練他們，完成數小時的節目拍攝，然後下午回來做我自己的跳水訓練。

和這些名人見面很有意思，對我來說，看到自己視為理所當然的心理態度與素質，在這些我曾在電視上看過或是從其他地方知道的名人身上實現，卻顯得困難重重。不論他們的跳水體力如何，他們所有人真的都非常害怕。有幾次，參賽者從跳臺上躍下時，心裡想著自己是所向無敵的，跳水很簡單，或是自己可以飛起來之類的。在大腦與自我保護的本能啟動前，他們會有片刻的清醒，然後他們就會決定自己一點也不想在這裡。訓練的過程中有許多求救、謾罵及挫傷。

為了節目效果而讓參賽者很快地移到較高的跳臺，這對每個人來說都是一道學習曲線。當其中一位明星能夠從三公尺跳板完成一個很好的跳水動作時，我們就會把他送上五公尺的高度。即使是完全相同的跳水動作，在空中停留的時間多了一毫秒，我就能看出他們對跳水的想法產生多大的改變，這如何影響他們的身體在空中的動作，以及他們如何入水。我會對節目裡的參賽者使出一個招數，如果他們害怕從五公尺高臺跳下去，我就帶他們到十公尺跳臺上待一會兒，直到他們都嚇壞了，再帶他們回到五公尺跳臺。這時候他們就會覺得沒那麼高或那麼可怕，然後就可以跳水了。我曾遇過不想從高臺跳水的名人：幾年前，我曾為了《運動救濟》的慈善活動和知名主持人詹姆斯・柯登（James Corden）所扮演的史密斯（Smithy）教練一起演出，我們花了三個半小時才把他哄上跳臺。

才藝表演節目像是《舞動奇蹟》（*Strictly Come Dancing*）與《花樣冰舞》（*Dancing On Ice*）都有盛裝打扮及華麗造型等元素；在《嘩！》這個節目裡的參賽藝人都只能換上泳衣，這是一個很好的平衡點，因為他們任何一個人能打扮的空間就只有那麼一點點而已。他們跳水的造型都很厲害，但能做造型的空間也僅止於遮住身上重要部位的那件泳衣而已。許多人對我坦承，他們發現穿這麼少的衣服站在跳臺上，幾乎和跳水一樣讓人緊張。他們覺得跳水很可怕，但對自己的身體充滿自信是另一個挑戰，在他們站上跳臺末端之前，沒想過這會是個問題。

我們最終拍了兩季，但在那之後，我的行程不允許我再拍第三季，所以節目就結束了。其實，已經有一些跳水圈的人告訴我，我的電視工作會讓我在跳水上分心。那時，英國游泳協會的執行長大衛．史派克斯（David Sparkes）告訴媒體，我的職業生涯是「本末倒置」，中國跳水選手不會有電視節目的拍攝來讓他們分心。他公開表示，我應該要更努力。他的論點或許有道理，但他卻選擇以糟糕的方式來表達；他從未直接告訴過我關於他的擔憂，而是透過媒體做這種激烈的批評，讓人覺得很不光明磊落。我覺得他在對我這個只是想嘗試做些不同事情的十八歲年輕人做人身攻擊，即使電視工作並沒有影響到我的跳水訓練。事實是，我父親才剛過世，我覺得自己有責任以這種方式工作，來支撐家裡的經濟，但他在對媒體放話前，並沒有考慮過我的處境。我個人的經歷，以及因此可能遭受的任何心理傷害，結果這些在當時好像都不重要。沒有人問過我做這份工作的動機是什麼；如果大衛直接和我談過，他或許就能稍微了解我所經歷過的事情，以及我決定做電視節目的原因。這整件事情起碼可以說是很不尊重人。

最後我的母親「以其人之道，還治其人之身」，也寫了一封公開信給他，向他說明我有多努力，奧運結束後，我如何努力克服失去父親的傷痛並保持積極性，以及我如何推廣英國運動等其他事情。她還強調了一件大多數人都不知道的事——一直以來，我從事跳水運動的資金都是自己想辦法。沒有人付我薪資讓我跳水。當權人士或許對我在跳水池以外的地方所做的事有意見，即使這些工作並沒有占用到我的訓練時間，但他們還是拿走了我的薪水。只要接受了一定程度的贊助，你就會失去經費補助，所以我唯一能賺錢負擔自己的生活與運動的方法就是透過贊助及從事其他工作。我並沒有其他選擇。當英國游泳協會盯上我時，我覺得自己越成功，就會受到越嚴重的懲罰。我從來不想讀任何報紙的新聞或是成為報導對象。我媽想以行動支持自己的兒子，我無法阻止她；感覺我們能有發聲管道是件好事。我認為大眾對這件事的反應是正面的，而大衛．史派克斯自此之後到他二〇一七年退休之前，處理方式好很多。我試著讓自己不要把這件事看得太重，因為當我只是試圖打造自己的未來並找出適合自己的路時，感覺每個人都有意見。

在兩季的《嘩！》節目中間空檔，我和蘇菲為了英國獨立電視臺（ITV2）的節目《湯姆戴利遊全球》（*Tom Daley Goes Global*）一起旅行了六週。我們踏上了一段前所未有的旅程，去了泰國、日本、紐西蘭、澳洲、西班牙、法國、瑞士和摩洛哥，每天晚上都在不同的地方過夜，從牆上爬滿蜘蛛的泰國濱海小屋，到像箱子一樣大、根本放不下床的日本膠囊旅館。

我在打包行李時就像一名典型的背包客，我想知道自己該帶幾條褲子，或是我的睡袋夠不夠暖。在節目中旅行感覺非常棒。我們去了許多很厲害的地方，而且在每一趟旅行結束前，我都會去做一些非常刺激的極限運動，像是高空彈跳、跳傘、駕駛戰鬥機，以及飛行傘體驗，為英國腦瘤慈善機構（The Brain Tumor Charity）募款。

但沒有花時間訓練的罪惡感一直存在，我在腦中把它合理化成這些不在家的時間就像濃縮成六週的壯遊。直到節目拍攝的那一刻，我才意識到自己錯過了許多，因為我一生只扮演過運動員這個角色。我一年只有兩週的休假，而我總是和家人一起度假。我經常旅遊，如果和跳水隊一起出國比賽也算的話，但都是被嚴格控管的。我們只看得到教練、飯店和泳池，如果有幾小時的自由時間，或許會造訪比較特別的觀光勝地。但是這趟旅行只有我（當然還有蘇菲啦！），現在回頭看，我了解到自己有多需要這趟旅行。去沒有跳臺的地方讓我很開心，而且避開了泳池。

這是一趟讓我大開眼界的旅程，也是釋放部分壓力的最佳方式，並且讓我暫時遠離跳水，去評估自己在未來生活中想要與需要的東西。可以擁有那段時間與自由，給了我一些空間不去想普利茅斯、跳水及我的家庭，讓我能重新整理自己並開始思考未來的可能性。我開始認真思考我的每一個選擇；我考慮搬去美國，在那裡的其中一所大學接受訓練，也越來越想搬到倫敦去奧運泳池訓練。在這個階段我遇上了蘭斯，他讓我想要再次促使自己成為最好的自己。這讓我重新專注於自己真正想做的事。我不想待在家裡等他的電話；他想在他所從事的行業裡成為佼佼者的動力，感染了我，讓我也想找出回到自己最佳狀態的方法。

這趟旅程最精采的部分是極限運動挑戰。我是一個非常喜歡尋求刺激的人。除了跳水，我還喜歡看恐怖片——對我而言，晚上在家看《美國殺人魔》（*American Psycho*）或《鬼店》（*The Shining*）是非常棒的活動。我總是在遊樂園裡找最高最可怕的雲霄飛車，並且要坐好幾次。即使在瑞士阿爾卑斯山上的孔特拉壩（Verzasca Dam）完成舉世聞名的高空彈跳，我也只是覺得還好而已。其中一項運動是在紐西蘭一處高達三百五十英尺的懸崖，坐在峽谷鞦韆上盪出去——這個高度比我平常使用的跳臺高了十倍——在抵達終點前，我盡其所能地做了好幾次空翻。我以十二個空翻成功打破一名瑞典體操選手十個空翻的紀錄，這引發了不小的話題。

我一直都想跳傘。這是我其中一個人生目標，但在這趟旅程之前，我都沒辦法保險，而且從不被允許做這些事。現在是時候了。那是泰國的第一個行程。要跳傘的那天早上，天氣很糟，還下著大雷雨。我們搭著小飛機在雲層和惡劣的天氣上方飛行，試著在雷雨中間尋找可以跳傘的位置。這好像非常瘋狂！現在我年紀大了，有時會想知道自己為什麼做那些事，我不確定自己現在是不是還會這麼無憂無慮，但當時的我是不顧一切的。一直以來，我都因為跳水而不被允許做這樣的事，但這一次，我就是不在乎。這是我第一次把自己放在優先位置，覺得自己像個獨立的成人，可以隨心所欲做我想做的事。當我感受到在空氣中自由落下的刺激時，風直撲我的臉，推著我的雙頰，這是一種結合速度與自由的美妙感覺。

節目殺青後，我立刻到洛杉磯和蘭斯一起待了兩星期，在規畫未來時，我開始有了全新的目標感。離開一段時間之後，跳水似乎不再是所有事情的重心；我的世界現在似乎變得更寬廣了。雖然待在舒適圈很好，但我決定想要更多。我想要再加把勁，我有更大的雄心與動力去做一些對自己和蘭斯都有幫助的改變。

回到泳池並重新開始訓練，讓我感到很開心。我覺得自己釋放了需要發洩的精力。有些時候，我覺得自己和蘭斯之間的距離是如此遙遠。我們都很忙；蘭斯忙於他的電影工作，而我忙於跳水訓練。有一段時間我問自己是否需要搬去倫敦來改善現況。這能讓我在不影響訓練的前提下，參加一些特別的派對或活動。搬去倫敦的最大原因之一是這會讓我們的關係經營更容易些。洛杉磯到倫敦已經夠遠了，但普利茅斯到倫敦的距離更遠。在普利茅斯的普利茅斯生活中心（Plymouth Life Centre）裡，有一個很棒的全新跳水泳池，自二〇一二年三月啟用以來就成為我的新訓練場地，但同樣地，倫敦水上運動中心有最先進的泳池、健身房與乾燥區，這些都是我在訓練中需要使用的。在普利茅斯，我能感受到大家對我有期待及關注，但在倫敦就不會有這種感覺。遇見蘭斯後，我們覺得搬到倫敦對我們兩個在一起是有幫助的。為了讓我能住得離十公尺跳臺近一點，他犧牲了很多，對他來說，定居倫敦比住在普利茅斯來得更實際。有了他的支持，我開始真正相信自己只要能懷抱夢想就能做到。

我們在一起後，我再也不害怕冒險或是做出改變。沒錯，我在普利茅斯過著舒適的生活，但身處舒適圈無法讓你在工作上有最好的表現。

搬去倫敦不是一個容易的決定，但我知道這也會帶出其他機會。我們曾討論過，如果我開始在倫敦水上運動中心訓練，就可以用我的名字開設一間跳水學院，對於盡可能讓更多年輕人參與我喜愛的運動，我是充滿熱誠的。現在全英國各地的游泳池都有湯姆戴利跳水學院（Tom Daley Diving Academy）。

當時已經做了我會和珍一起訓練的決定，而她也會搬到倫敦。對我們來說，兩人是在理想的時間點上合作，珍的出現像是為我的訓練注入一股新意。安迪在技術上一直是最棒的教練；他從零開始教會我每一個跳水動作，以及所有我應該知道的事。珍則提供了不一樣的東西。

她看過我比賽，並觀察了我的許多表現。她告訴我，她想「修正」我的跳水問題。我們開始討論在跳水之外能幫助我邁向成功及優化表現的所有「百分之一」的可能性，像是營養規畫、恢復期，以及我的訓練裡可以幫助自己成為專業運動員的其他部分。這些細微、漸進的改變都能幫助我。我們在普利茅斯已經竭盡所能地做到最好，並做我們認為對的事情，但珍在美國大學體育系裡擔任教練多年，那裡有最高科技的設備與專業去支持你的運動。也有許多研究人員想要支持及幫助我，這真的是讓我眼界大開的經驗。我第一次到休士頓時，我們曾和其中一位營養學家交談，我在很短的時間內學到許多關於我該吃什麼以及應該怎麼吃的知識。英國運動界與英國跳水界從未安排完全相同的方式來提供運動員這種程度的專業知識。

珍和我彼此激勵。她在我們的訓練課程中總是非常積極與開心，並且一直都有極強的好勝心。她想贏，而且會竭盡所能地幫助你贏得勝利。我非常敬佩她有這樣的動力，這也幫助我重新燃起想在每一場比賽都拿出最佳表現的熱情。

我的訓練開始有了新氣象——比之前更有組織也更專注，並且有了創新的煙花跳水動作，以及全新的動力與專注度，讓我的跳水再次登上高峰。有時候會覺得有點可怕與令人卻步，但也感覺非常興奮。我現在有機會去探索不同的事物，讓我知道跳水是我所愛。我和珍彼此有共識，我還是會做其他工作，因為我想要也需要這麼做。珍非常清楚她需要和我一起訓練的時間，而其他事情就以此為核心來安排。

運動員與教練之間的關係都是複雜且獨特的。珍和我在認識彼此後經歷了一段蜜月期，但在蜜月期消失之後，我們必須建立起界線，而這困難得多。我們經常為我在泳池之外與個人生活中的活動發生爭執。做為一名職業運動員，你的教練會讓你覺得自己又被另一個爸爸或媽媽管教；任何一個成年人都不想被管。當我的生活擴展到跳水以外的領域，我的家庭生活與運動之間的責任一直不斷在拉扯。

長達六個月的時間，泳池裡只有我和珍在訓練，這帶來了一些挑戰，因為這讓我們的關係變得非常緊張。焦點完全鎖定在我身上，而且沒有機會休息。我們開始尋找其他跳水選手，很快就有了一個小型菁英團隊，所以我們可以成為一個完整的團隊，而珍也能幫助其他選手提升他們的職業生涯。現在，倫敦的跳水學院正在蓬勃成長，這個團體真正厲害的是，大部分的奧運潛力選手都聚集在倫敦接受訓練。

當我適應新的訓練規畫時，蘭斯和我找到了我們第一個共同住所並搬進去。他還是花很多時間待在洛杉磯工作，但他一有時間就會和我在一起。我們喜歡一起打造我們的家，也喜歡更了解彼此。我已經從感到鬱鬱寡歡，變得更有動力追求自己的成功，而不是一直窩在家裡等他。我們發現各自對生活的看法以及對未來的規畫都截然不同，但也同時開始彼此互補。我喜歡填滿我的每一天，包括我業餘時間的每一分鐘，即使在我休假時也是如此，蘭斯則對生活採取比較輕鬆隨興的態度。我們的關係讓我學會放慢腳步，並放下自己無法控制的事情。我們空閒時間都在做其他情侶會一起做的事：吃早午餐、和朋友碰面，以及相互了解。

經過這段時間，我開始更清楚地看到自己的命運。我知道或許未來自己會把所有的熱情與敬業態度轉移到新事業上，但只要我還能比賽，跳水仍是我想做的事情。這是一份禮物，我希望盡可能長時間享受它帶給我的樂趣。我還是有想贏的欲望，以及把事情做到最好的熱情。

向世界公開出櫃也帶來了一種自由，搬到倫敦並按照自己想要的方式生活，這非常適合我和蘭斯。這是種解放。

＊＊＊

標籤適合放在衣服上。它們所呈現的是絕對唯一的意思。把自己歸類在某個框架裡是非常容易的。當我離開跳臺休息的時候，我知道自己不只是一名跳水選手：我是男同志、朋友、兒子、哥哥，以及喜歡媒體工作、起司蛋糕、運動、環遊世界的人。從事其他工作讓我的心智保持新鮮。被其他標籤困住是很容易的。性別認同、工作、社會地位；我知道自己可以超越這些。我可以做得更好，成為更好的自己。

我主導著自己的生命；我需要什麼、想要什麼，以及如何看待自己的未來。我開始看到一種不是只有跳水目標、贏得獎牌，以及成為奧運選手的生活。透過這些事情，我不再單一定義我的視角，去看待自己的成果。跳水只是我能做的事，但不能定義我是誰。這樣的覺悟帶來了強烈的自由感與釋放感。我開始發現自己非常享受在泳池裡的每一刻。我在泳池裡是一名跳水選手，但在泳池外擁有自己的生活。我開始成就這份工作，但造就我的絕對不是這份工作。

Endurance

承受

二〇一八年三月，我到北京參加國際泳總世界跳水系列賽，我站在一座大型體育館的跳臺後側，為我的四圈半空翻跳水做如常的心理準備，在腦中想像整個動作的精準度與流暢性。這是我的整套競賽動作中最關鍵的一個，因為它的難度是最高的。當我在二〇一二年倫敦奧運之前開始學這個跳水動作時，它被稱為「世界上最困難的跳水動作」，因為只有一秒多一點的時間完成動作，而且動作結束時的高度很低，沒有我們所謂的入水前在空中的「漂浮時間」。不過，通常這個跳水動作對我來說是輕而易舉。我只需要跑到跳臺盡頭，把自己拋出去，抱緊雙膝，保持平穩，然後筆直入水，完成整個動作。安迪曾把這稱為「嗅氯探測器」（chorine sniffer）：是一個你得盡可能接近水面的跳水動作，在氣味很快地散去之前，你的距離是近到能聞到泳池的氯氣味。它不像我的轉體跳水，我必須非常謹慎地思考這個跳水動作的多個環節。那一整個賽季，我對這個跳水動作特別有障礙，而在那一天，我實在無計可施，也非常緊張。我的臀部和小腿一直感到疼痛。前幾年不管我有什麼疼痛、抽痛或痠痛，還是能完成所有的跳水動作。這次感覺完全不一樣。我已經完全無法做出這個動作了。

從那年年初開始，我一直為自己的臀部傷痛所苦。我的身體似乎無法像以前一樣，迅速做出正確的抱膝或屈體姿勢。我發現自己轉成抱膝姿勢的速度不夠快，高度也不夠，所以我不斷落入太快入水的循環——基本上，我在入水前沒有完成足夠的翻滾，而且沒有空間完成整個跳水動作。以前做這個跳水動作的有用元素，現在已經對我完全沒效了。有一段時間，一邊的臀部會比另一邊痛，所以我會在一邊的臀部增加重量，然後另一邊臀部就會開始痠痛。讓我的雙腿離開跳臺並就定位，變得既疼痛又緩慢；我的雙腿沒有了過去那股曾支撐我的力量。為了起跳順利，以及在我的跳水動作中獲得足夠的高度，我試著在雙腿加諸更多力量，結果我的小腿開始出現劇烈的刺痛。在助跑起跳的過程中，我的臀部與小腿所經歷的疼痛是難以忍受的。必須以適當的力量助跑並把自己推離跳臺，真的非常痛苦；我覺得自己的雙腿快要斷了。那種正中要害的直接痛感就在我的脛骨中間，它會如輻射般向外擴散，讓我隱隱作痛。我的小腿會在晚上抽痛，這樣的頻繁抽痛讓我睡不著覺。我會躺在床上，想著隔天早上又得起床一次又一次地訓練那個跳水動作。顯然地，這個跳水動作進行得非常不順利，而我一直努力要「成功」，因此被迫做更多練習。

這場比賽的準備工作很不容易，我也在訓練上遇到瓶頸。甚至還有一些關於我是否應該參賽的質疑。珍沒有什麼把握，因為我之前休假，表現也差強人意。我辯稱自己做這些跳水動作的訓練和參與這場賽事是沒有分別的。假使在抵達比賽地之前，我心裡存有任何疑慮，當飛機降落在中國機場的那一刻，我就沒有不參加比賽的理由了。我不想只是站在場邊觀看。我需要深入參與，並成為其中一部分。

當我跑上跳臺時，平日裡小腿會有的一些疼痛，因為身處國際賽事，以及要和厲害的對手一起競爭的壓力而壓了下來。在暖身階段，我的臀部與小腿感覺像是被熱燙的火棍一直戳著，但我仍決意參賽。

當我起跳時，一種麻木感包覆著我。起跳就像定格攝影般的緩慢與不靈活，但之後我突然快速落入水中。我感受到自己的身形既巨大又笨重，而且像是重力把我的雙腿拉離得更遠，讓我很難抱牢自己的身體。我無法把抱膝的姿勢壓得更緊，好讓自己旋轉得更快，所以我只能順其自然。

當我在空中旋轉時，我只有一個念頭：「嗯，這會很痛。」

結果這個下墜動作不算糟——我的身體以出乎意料的方式移動——我知道自己會以極低的位置落水，因此我無法將雙手迅速放到前面減緩跌落的力道。果不其然，當我入水時，我的頭首當其衝。

以時速三十五英里的速度讓我的頭猛擊入水，那感覺像是有某種硬物直敲我的腦門。我其實沒那麼驚訝；我能感覺到會發生這樣的結果，我之前練習時有許多次入水位置太低，從來沒有照指示過。我吸收了撞擊，吞下失敗，沉入水裡，在氣泡中不斷咒罵，然後踢動身體，浮出水面。我從未在任何比賽中一直想著上一跳的表現。你必須馬上為下一跳做準備，所以我乾淨俐落地躍出泳池。我還得再跳一次，因此我沒有去回想之前的跳水過程。

直到那天傍晚在飯店房間裡，我才開始覺得有點不對勁。我們隔天直接從北京飛到日本參加世界系列賽的另一站比賽，當我們在比賽前幾天接受訓練以適應新環境時，我感覺自己有不尋常的時差問題且完全沒有動力。我的四肢虛弱無力，意識也有點模糊。跳水時，你會具備非常準確敏銳的感知，讓你能夠知道自己在空中所處的位置，否則你會讓自己受傷，而我的空間意識消失了。

我以為自己可能只是因為旅行而感到疲勞。跳水隊的每個人都是飛行專家，從A地到B地，團體搭乘巴士，還能克服時差，但隨著年紀越來越大，我發現會越來越難恢復。我和丹尼爾·古德斐勒（Daniel Goodfellow）搭檔參加男子雙人十公尺跳水的競賽項目，得到第四名；之後和格蕾絲·里德（Grace Reid）搭檔參加男女雙人三公尺跳水競賽項目，贏得銀牌。男女雙人跳水的比賽結果很不錯，體力上也相對輕鬆，因為我們是從高度較低的跳臺往下跳，但我仍無法擺脫那股奇怪的精神不濟感。我告訴我的物理治療師葛瑞（Gareth），我覺得自己無精打采並有倦怠感。我也變得很情緒化，在個人競賽項目之前的一個訓練課程，我發現自己在跳臺後端哭泣。我覺得自己完全無法應付這一切，好像我一直被自己的身體打敗。這是一種醞釀已久的低級挫折感，現在感覺像是翻湧了起來。那段時間，我甚至連訓練都覺得困難，更不要說以積極的心態參與比賽了。

「我們幫你做個腦震盪檢查。這感覺不太對勁。」葛瑞對我說。

我的分數足以讓我做電腦測試。每年我們都會測試我們的「基線」，以確認在正常狀態下的各種認知測驗分數，並據此判斷任何評估。如果分數比基線略低，那還能接受，但我的分數是明顯低很多。我的反應速度與短期記憶都下降了。

「是的，你現在有輕微腦震盪，所以你不能參加個人賽了。這太危險了。」葛瑞說。

我之前曾有過輕微腦震盪，我猜想自己過去或許曾經歷過多次腦震盪而渾然不覺。

我的喉嚨緊閉，覺得胸口緊繃。我知道自己在有腦震盪的狀態下做十公尺高臺跳水是不安全的，但這並沒有阻止我參賽的意願。我過去一直在處理因傷退賽所帶來的沮喪和挫折，但這從來都不是一件容易面對的事。假使我現在處於痛苦的狀態，事實上我是，但我還是想要比賽。不計代價要比賽的嗜血本能，一直都存在且深植於心中。二〇一七年是我職業生涯美好的一年，而我開始懷疑那是否就是我的巔峰。我應該在巔峰時急流勇退嗎？二〇一八年似乎是每況愈下。這一年一開始就差強人意，我總是處於疲累與持續的倦怠中。我的臀部遭受疼痛，現在又有腦震盪。我非常討厭自己被迫退出跳水運動的感覺。每個人都想在浪頭上從任何運動中退休。這有點像電視節目——你必須知道最後一季應該在什麼時候播出，而不是一直拖到觀眾停止觀看並討厭所有角色。內心深處我知道現在還不到時候，但仍覺得非常難受。

「好吧。我知道了。」我咬牙勉強回應。

準備那場賽事期間，除了臀部與小腿的疼痛，我的整體健康狀態一直都不好。這樣的狀況是從二〇一七年十月開始；我那時有點著涼，有一天早上因為胸口疼痛而醒來。我一度很不理性地懷疑自己是否心臟病發作，因為我的胸口有一種很不舒服的隱隱作痛感。但後來我知道不是心臟的問題，因為這股疼痛並不是從我心臟那邊的胸口擴散出來。我原本預定要擔任BBC廣播一臺青少年票選獎（Radio One Teen Awards）的「最佳電視節目」頒獎人，我已經答應主辦單位了。我從來不會臨時不出席任何活動；我面對自己所有其他工作的方式，就像我對跳水一樣，付出相同的敬業態度。我希望如果我按照原定行程度過這一天，這股疼痛或許就會消失。所以我從床上爬起來去沖澡，然後打理好自己。

從家裡出發前往溫布利體育館（SSE Arena Wembley）的路途中，我開始感到非常不舒服且頭暈目眩，覺得有一股灼熱感從我的脖子一路上升到頭頂。當我抵達體育館時，可以感覺到下背部大量出汗。趁著還有一點時間，我趕快去找現場的護理人員，並告訴他們我的狀況。我想他們或許可以給我鎮痛解熱之類的藥物。

「你是因為要頒獎而有點緊張嗎？」其中一位護理人員看到我盛裝打扮，以同情的口吻問道。

「不，真的沒有。我一天到晚都在頒發這類獎項。」我回應。

「我認為你是恐慌發作（panic attack）。」

「老實說，我知道恐慌發作是什麼，而我不認為自己現在是恐慌，我真心認為是其他問題。」

「好吧！我們現在先量你的體溫，然後做一些檢查。」

她拿出溫度計與血氧機，把溫度計放進我的耳朵，嗶聲後，她拿出來看了一眼，然後皺起眉頭。接著她以脈衝式血氧機（pulse oximeter）測量我的血氧濃度。我的體溫逼近三十九度，血氧濃度則在九〇%左右。

「你現在發高燒，而且血氧很低。我覺得應該送你去醫院。」

他們迅速把我抬上救護車送到醫院，我立刻被戴上氧氣罩並打點滴。我鬆了一口氣，慶幸自己沒有在那麼不舒服的情況下還站在幾千人面前的舞臺上。同時也覺得，在那樣的身體狀態下，我還認為自己可以上臺，實在有點愚蠢。在做了一些檢查，並照了胸部 X 光後，醫生馬上判定這是肺炎。我在醫院的急診室病床上躺了一整天，直到血氧濃度恢復穩定。醫護人員讓我回家，給了一個強度很高的抗生素療程，以及嚴格的休息指令。任何呼吸相關疾病，當你接受越多訓練去克服，你的康復期就會拖得越長，所以我很清楚自己必須接受這樣的想法。我回到家就躺在沙發上，試著接受這一切——最後我給自己放了大約九天的假。接著我經歷了分段進行的回歸訓練，我沒有一下子就接受大量訓練。大約一個月後，我開始好轉，但仍不時感到疲憊。

到了二〇一八年，我仍然覺得筋疲力竭，沒有任何活力。每天早上當我的鬧鐘響起，我就會檢視自己的身體，想著今天會如何，以及我要如何度過這一天。有些時候，甚至連下床走到浴室都是一項艱巨的任務。我覺得自己可以睡上一整個星期，但仍覺得疲累。每天訓練六小時的目標讓我難以招架。這股縈繞不去的疲憊感一直緊隨著我，滲入一切。我就是無法擺脫它。我覺得自己所做的每件事都是正確的——充足的睡眠，吃對的食物，在每個訓練課程結束後專注於恢復——但我仍感到筋疲力盡。

從外表看來，我仍是笑臉迎人並試著保持正常，但做每件事都覺得必須多花一倍的力氣。之前覺得簡單的事情，現在變得很困難。我無法集中體力來做訓練，這就像個篩子一樣耗盡我的精神能量；我想注入越多能量，就得花費越多力氣，身體就越承受不住。我想做的事情很多，但我的身體就是無法跟上我正常規畫的步調。

我懷疑是否存在一個潛在的問題，或許有一個不是那麼明顯的因素讓我感覺很不舒服？我做了一些血液檢測，但並沒有顯示任何問題。我最後去看了我的醫生，他在托特納姆宮路（Tottenham Court Road）上的體育、運動與健康協會（Institute of Sport, Exercise and Health, ISEH）駐診。

我向他說明我的感覺，以及疲累感似乎滲透到我身體裡的每一個地方。他很快就做出了診斷。

他說：「我看過許多你這個年紀的運動員有這樣的症狀。你不需要現在就結束你的運動生涯，但是你已經是個很資深的運動員了。」

這實在是太難接受了！就在前幾年，我還是最年輕的運動員之一，很少會為受傷感到困擾。我就像小熊維尼的朋友跳跳虎，有著永遠用不完的活力，看到較年長的跳水選手在每場比賽後立刻直奔物理治療床，我都很納悶他們是怎麼了。突然間，我就是那個「年長」的選手。我才二十三歲就已經開始覺得自己很快會是這項運動的「阿公級」人物。

「我認為你得了過度訓練症候群。你努力訓練了這麼多年，又馬不停蹄地努力工作。到了某個臨界點，你的身體就會告訴你，該休息了。」他繼續說道，「你真的需要好好休息了。」

做為一名運動員，很難知道什麼時候該休息。在俄羅斯系統接受訓練的珍，非常習慣她的運動員不斷在訓練，而我認為她或許會覺得我也是這樣想的。我的醫生告訴她，即使我這麼想，我還是需要休息一陣子。

其他運動員，特別是中國運動員，都是以他們的極限，甚至是超越他們的極限在訓練。他們是世界舞臺上一股不可忽視的力量。中國人從四到五歲這個年紀就開始在省級體育院校為他們的跳水選手做密集訓練，也在那裡尋找下一個獎牌得主。

這不是我們所知道的那種接受教育為主的一般學校——這種學校的目標就是要培養出世界上最厲害的跳水選手，安排的軍事化訓練也非常殘忍。如果有任何人不夠努力，他們就直接換人，因為有太多人隨時等待著機會。他們的一致性就像是機器人，對跳水運動的極端專注表現出他們的力量。他們從十二歲開始就要住在學校，一天接受七小時的訓練，一週七天不間斷。這是金字塔系統裡的一部分，為了找出那萬中選一的人才。中國人贏得比賽的獎金是非常優渥的，而且這會帶來地位、財富和權力。這就是我無法認同的地方。跳得更高、變得更強，以及贏得更多獎牌，一直是運動員以自己的健康做為代價所換來。毅力與決心被視為基本標準。有時不只是體制會推進運動員，運動員本身就有極高的自我要求。你需要也必須要持續向前邁進。我知道自己曾多次為此感到愧疚，但要和世界上最厲害的選手競爭，你就必須和他們以相同的規格訓練。這是一個困難的平衡。

我很習慣我的訓練表，但訓練強度還是會讓人受不了。我的訓練狀況隨著時間起伏不定，這取決於我現在是在一年裡的哪一段時間受訓，以及我要參加哪些比賽。每一次休息之後，我們就會繼續在健身房做力量與耐力訓練。健身房的課程變得更困難也更密集，然後透過稍微容易一些的泳池課程來平衡。在重要賽事的準備階段，有了準備就緒的力量訓練以及我們在執行跳水動作時所需的力量，泳池訓練的強度變得更高，更頻繁地從十公尺高臺跳水來練習我們的動作，這更消耗體力。

對我來說，典型的訓練日可能是從待在健身房七十五分鐘開始，做跳水協調運動、重量訓練及陸上空翻練習。接著在泳池做七十五分鐘的跳水練習，從不同高度的跳臺完成無數次的跳水，分析我的整體表現，改善每一個環節。

午餐過後，我會回到健身房與陸地跳臺做另外七十五分鐘的體操協調訓練、特定陸地跳水運動，或是體操翻滾課程，之後再花七十五分鐘在泳池訓練。然後我還會騎飛輪、做瑜珈、做禪柔運動（gyrotonics），每週兩次我會在訓練後按摩。這樣的訓練行程持續超過十年，一天六小時，一週六天，幾乎沒有例外。我沒有一天醒來不感到抽痛、全身刺痛或劇痛。但這就是工作的一部分，所以你只能繼續做下去。

當然，除了過度訓練會有的一般風險，以及隨著時間所造成的運動傷害，有太多會讓你突然受傷的狀況。任何的衝擊力道都足以造成骨折、視網膜剝離、耳膜破裂，或是關節脫臼。在做反身跳水與向內跳水的動作時，距離跳臺過近而導致頭部撞到跳臺的風險一直都存在。頭皮撕裂傷是很常見的，我曾見過跳水選手因為撞到跳臺而暈倒，需要其他選手或救生員把他們從泳池裡拉上來。跳水被認為是一種碰撞衝突的運動。要避免最嚴重的運動傷害，其中一個方法是在水裡使用氣泡製造機，可以減少表面張力，我們學習新的跳水動作時，經常在訓練中使用這種機器。它會移動水的表面，讓我們在旋轉時能夠看得更清楚。反過來，這臺機器可以幫助我們在側旋及翻滾動作期間，衡量身體和水之間的距離，幫助我們將跳水動作執行得更完美。我們在倫敦也會用水噴霧，這會讓泳池的水更清澈，讓我們更清楚入水的「點」在哪裡。

我總是能辨別自己是否旋轉得太快或太慢，或是有沒有抓好自己的雙腿，又或是自己的身體有沒有稍微不平衡。在半空中或是入水處上方也會出差錯。大多數時候你在碰到水之前就能分辨是否會出錯，而撞擊前的那幾毫秒從來都不輕鬆。如果你不是完全緊繃並筆直地和整個身體連接在一起，任何跳水動作都會變得一團糟。我曾有過許多次是頭往一個方向去，身體卻往另一個方向，結果就是拉到脖子，有好幾天都不能動。我的雙臂在碰到水時經常是彎曲的，會讓我在隔天醒來時無法伸直手臂，或是一隻能伸直而另一隻不行。有時我的背會因為做轉體、弓背及伸直動作而疼痛。甚至當跳水動作執行得非常完美時，還是有可能會受傷。

在北京發現腦震盪傷勢後，我慢慢地逐步回歸訓練，但我的臀部與小腿仍持續地出問題。我覺得自己整天都處於疼痛狀態，完全沒有辦法得到喘息。每次我起跳練習四圈半前空翻時，從跳臺尾端起跳的衝擊力道是痛苦萬分的，之後數小時，一種深層的刺痛感會在我的雙腿蔓延開來。有些時候，我甚至連在走路時，大腿及臀部深處都會不舒服及隱隱作痛。這感覺像是一種懲罰。

為二〇一八年七月舉行的大英國協運動會做備戰訓練期間，我非常痛苦。我和葛瑞合作得十分密切，定期按摩及做冰浴，並完成更多伸展與關節活動等運動。我非常專注於幫助自己的方法，疼痛卻全面襲來。我做了許多磁振造影，因為無論我們做了什麼，疼痛仍一直持續。我們發現我的兩邊臀部產生了夾擠，股骨頭沒有適當地接觸髖臼，因為我的髖關節形狀不對，活動才會受限。我的臀部有微裂，而這改變了我的跳水方式。有一些關於我是否應該接受手術以去除部分骨頭，讓它們變得更渾圓的討論，但手術風險實在太大；在進行主要手術後，會需要好幾週的時間來恢復與復健，而且有時候手術並不總是成功，甚至會讓情況變得更糟。

當我的跳水水準往下掉時，我就得做更多跳水練習，讓整體表現進步。這是一個惡性循環，我把自己越逼越緊，試著讓自己進步，而收穫是微少的，我的跳水表現又會變得很糟。

大英國協運動會一直是我很喜歡的賽事之一。二〇一〇年，年僅十六歲的我贏得了個人十公尺跳臺跳水及雙人同步跳水的金牌。這是我在國際賽事取得的一個重大勝利。而我在二〇一四年於格拉斯哥舉行的賽事又再次贏得個人競賽項目，所以在這場賽事贏得第三次勝利對我而言是至關重要的。我決心要參賽，這次的比賽是在澳洲的黃金海岸舉行。

在比賽前，我的跳水進步狀況甚至比在腦震盪後還要慢許多。我已經處於決定自己是否還要繼續跳水的關鍵時刻，但我仍盡其所能地持續訓練。我沒有一個跳水動作是成功的——每一個動作都完成度過低或是不正確——一切都讓人感覺非常困難。我跟蘭斯提過幾次，表達我覺得自己就是做不到的恐懼與焦慮。他不斷告訴我，一切都會沒事。

但我不斷嘀咕：「不，你沒有在聽我說。我不認為你會了解。這一切不會變好了。」

除了我的四圈半前空翻，我在向前煙花轉體動作上也遇到瓶頸，因為這個動作也是助跑起跳並且需要相同程度的衝擊力。在第一階段的訓練課程中，我去抓住雙腿時失誤；我被迫在中途放棄，並在入水時重擊身體側邊，非常不舒服。

最後，我前方唯一的路似乎就是退出個人項目了。再一次，失望的感覺刺痛了我。我還是有參加雙人跳水賽事，所以我決心要在那場比賽有最佳表現，並全力以赴。這是我僅有也是唯一的機會。由於我還是經歷著痛楚，我的小腿又做了一次掃描。掃描結果清楚顯示出壓力反應很糟，已經到了會發展成壓力性骨折（stress fracture，也稱為疲勞性骨折）的程度了。聽到這樣的結果，我非常震驚，很想知道這對我的跳水生涯會有什麼影響。我被告知，除了比賽時，我得一直穿著月亮靴（Moon Boots）。

從心理上來說，這很難熬。我拄著拐杖出現在泳池，雙腿都被月亮靴包著，步履蹣跚得像一名早衰的老人。然後我會脫下月亮靴，把它們放置一旁，期待自己能完成那些困難的助跑起跳動作。現在我懷疑自己當時是否瘋了，才會讓自己在處境這麼糟糕的情況下，仍抱持著一較高下的決心。在體能上，我和自己應該達到的目標天差地遠。我對自己的能力感到質疑，並且非常不安。

在雙人十公尺跳水這個項目，我的搭檔丹尼爾．古德斐勒和我——在正常情況下，且沒有受傷——應該是相對輕鬆就能贏得比賽，但也不是我們的囊中物。另一對英國雙人組馬修．迪克森（Matthew Dixon）與諾亞．威廉斯（Noah Williams）是很強的競爭對手，澳洲跳水選手多明尼克．拜德古德（Domonic Bedggood）與德克．史戴希（Dec Stacey）也不遑多讓。我也知道自己必須拿四圈半前空翻出賽，但我整年都還沒有做過一次好的四圈半前空翻。不過，這是丹尼爾最厲害的跳水動作，如果我沒做好，我希望他能帶著我，並把我們的分數拉回來，這樣我們就能名列前茅。

我在暖身階段並沒有訓練這個動作，也沒有在訓練時做好所有的正常準備；我的小腿沒有足夠的力量。這是我們列表上的最後一個動作，進行到這一回合，每組的積分都十分接近，所以這是決定成敗的一跳。

哨聲響起，只有我和丹尼爾一起站在露天跳臺後面。

「準備好了嗎？」

「好了。」

「一、二、三，開始……」

朝著跳臺盡頭跑去時，我記得自己在想：「如果有任何時機點可以說『去他的』，那就是現在。即使我的脛骨在起跳時斷了，這也是我的最後機會。」我想要、需要也必須全力以赴，不管有多痛。我想不計任何代價取得勝利，這樣的求勝欲壟罩著我，麻痺了所有疼痛感。我全身都充滿了腎上腺素，讓我的雙腿與臀部完全麻木。在那一刻，我不在乎後果、疼痛，以及長久的影響。想贏以及不計代價取勝的欲望，似乎超越了每一種身體機能。

當我進入抱膝姿勢時，我能感覺到這是我過去一整年來做過最好的抱膝動作。

「我的機會來了，」我想著，「我絕對不能錯過。」

我張開雙臂入水，心知肚明這是一次很棒的跳水。我感覺自己被吸入了一個我非常熟悉的無水花真空中。這是我一整年來做得最好的四圈半前空翻。

很可惜丹尼爾的跳水不如預期，他的結束動作位置過低，但我們還是取得足夠的積分來贏得金牌。爬出泳池時，我看到許多張驚訝與睜大眼睛的臉。澳洲人、馬來西亞人，以及另一名英國隊教練，都在事後跑來問我到底是怎麼辦到的。

「你整個星期都沒有成功，最後是怎麼跳出這樣的成績？」他們笑著說，「你是怎麼做到的？你真的做得非常好。」

那是地獄般的一年；壞事接二連三，但我知道大英國協運動會是我的目標，這讓我度過了難關。這或許是我職業生涯裡最困難的比賽。在任何其他工作中，如果任何人患有我曾罹患的病痛，他們會花時間治療，但在運動中，情況不同。現在回頭看，我們能拿到金牌可說是奇蹟。

那場賽事之後，在陽光下和蘭斯在一家餐廳外面吃飯時，我後退一步思考自己正在哪個人生階段。我已經結婚一年，還有一個即將出生的兒子羅比。在那場賽事裡，我也直接面對了自己的性向問題，並指出了一個事實：在大英國協運動會的五十三個參賽國家中，有三十七個國家認為同性戀是非法的。四年前是四十三個——改變即將來臨。我利用自己的平臺，呼籲正向的進步，這感覺非常好。

幾週後，武漢將於六月舉行跳水世界盃，在那之前，我打算到俄羅斯境內的喀山（Kazan）參加世界跳水系列賽的另一站比賽。原本我是計畫參加這兩場賽事之後，去洛杉磯迎接我兒子的出生。他的預產期是六月底。

在結束一個比賽後又繼續參加比賽，還帶著傷，突然這一切似乎顯得非常瘋狂。我承受著劇烈疼痛，而帶著疼痛把自己拖到泳池訓練，讓我覺得自己好像身在一場持續不斷的戰役中。我之所以回來訓練，是因為在腦震盪與疲累後覺得自己已經準備好並且感覺比較好了，還是因為我想為了比賽做訓練？回顧過去，我知道是後面那個原因。我把自己逼得太快又太緊，然後就犯錯了。

我提出想要休息六週不練跳水的計畫，葛瑞同意了。對一位物理治療師來說，在優化我的表現與奪牌條件，以及將受傷機率減到最小之間，總是要取得一個平衡。他只需要讓我平安地完成每一場比賽，但我們已經沒有選擇了。事實是，月亮靴現在成為我穿鞋的選擇，似乎是時候評估我的處境了。要成為世界第一的選手，你就必須訓練得像個世界第一的選手，步履蹣跚地在泳池邊移動是絕對不會達成目標的。

我知道自己需要讓骨頭修復，才能比以前更強壯、精實與健康。我也知道自己的職業生涯是有年限的，所以我必須要著眼大局。距離東京奧運只剩兩年的時間。如果我繼續以同樣的方式跳水和訓練，我的身體到二〇二〇年就會完全崩壞。我想要越來越好，變得更好。每個人都同意；珍和艾烈希都表示，一旦我的骨頭癒合，並且我覺得自己夠強壯能回歸，我們就會找出下一步該怎麼做。

一想到我需要休息那麼長一段時間，我就相當煩心。我不禁想，不做訓練的話，要做些什麼才能讓我保持忙碌？最後，這段休息期成為我整個職業生涯中做過最棒的事情。它讓我有另一次機會重新設定並看見自己生命中的優先順序。在個人層面上，這也是一段非常神奇的時光，讓我和蘭斯能在羅比出生前有時間相處。在孩子出生前，讓跳水暫時抽離我的生命，消除了我的許多壓力，並讓我和蘭斯做好成為家長的心理準備。這也讓我更清楚什麼才是最重要的。

雖然暫時不跳水，我還是非常注意維持自己的狀態及健康，所以當我回去訓練及比賽時，一切都進行得十分順利。

當我的臀部開始疼痛，葛瑞建議我做禪柔運動；一種結合皮拉提斯、瑜珈、舞蹈、太極、游泳與體操的運動。它使用的器材包括框架、轉盤及滑輪，是一種混合了三維平面、慢動作及分段式的複雜動作，並以不同程度的張力來完成所有動作。我認為這個運動拯救了我，並修復了我的身體，因為它能連接所有的小肌肉並增加關節的活動力與移動範圍。和一些其他的運動形式不同，它可以高度個人化，並將你的個人身體看成一個整體，而不是要個別解決單一問題。我花了很多時間做禪柔運動，從那時起，我把自己每日訓練行程裡原來的陸地跳水課程換成這些量身訂製課程的其中一項。

曾有一段時間，我會嘲諷禪柔運動或瑜珈——它們看起來有點軟弱和無趣。但我現在已經學會，要相信那些認為他們能夠幫助我的人，因為他們經常能做到。我也學到了，真的慢下來並往後退一步，長期來看真的會有很大的不同。禪柔運動確實改善了我的身體機能；國王十字教室（Kings Cross Studio）的蒂莎·哈靈頓（Tisha Harrington）在這段旅程上一直在幫助我。從那之後，我的背部與臀部再也沒有問題了；我的彈性得到了改善；之前許多其他不斷出現的小困擾也都解決了。我知道做為一名成熟的運動員我需要做些什麼，而這讓我能和自己的身體合作，而不是操到死。我想給自己一段時間重新平衡與集中自己的身體。我想回去做自己真正喜歡的運動。我想將注意力完全從跳水上移開，所以沒有做任何我跳水時會在健身房做的平常訓練，而是去上有趣的團體健身課、瑜珈課，以及和蘭斯一起打赤膊在洛杉磯鄉間健行。我發現在戶外行走能讓我的頭腦更清楚並更加專心。美好的陽光，以及走向距離都市超近的健走步道並聊著生活的難得機會，是我和蘭斯最想念的加州時光。

不久，羅比出生，我突然成為一名家長，照顧好自己的身體就變得更重要了。我不想成為在遊樂場因為腳沒力而舉步維艱的父親，或是因為腦震盪而無法投入兒子的活動。我要在每一個珍貴的時刻陪伴他。沒錯，跳水從過去到現在一直都很重要，但家庭永遠是我的第一順位。

我在二〇一八年八月回去訓練，感覺自己煥然一新並且做好了準備。是我經歷過最大的訓練幅度，但痠痛感卻是我所經歷過最輕微的。這是我第一次有好好休假，並專注於克服運動傷害，以及好好照顧自己的身體與心理健康。我感受到前所未有的平靜、安定與和諧。當時我以為自己只剩一年半的時間從事專業跳水，只到二〇二〇年奧運，然後我就心滿意足了。那股壓力已經消散了，而我再次決定要到奧運找樂子，因為我很享受比賽。

受傷只是訓練中不幸的部分，好的健康狀態永遠是最優先的。在盡力做到更好，與不讓自己受傷之間，必須取得平衡。即使在距離第一次跳水將近二十年後的現在，我仍在學習如何管理訓練的分量與強度以避免受傷，但這是一項持續進行的工作。我還在學習什麼是我的身體能應付的，什麼是我可以處理的，什麼是太多或太少。我知道我將會一直學習，直到我的職業生涯結束，而即使到那時候，我也還有一半是不知道的。我學到了自己不能無窮無盡地把身體推到生理與心理能力可及的臨界點。

有時候，受傷與生病所帶來的心理衝擊，比對身體層面的影響還糟。隨著時間過去，我學到永遠不要在復原過程中忽視自己的心理健康。受傷會讓你感到無助，而知道你只能做這麼多來加速復原過程是非常重要的。我現在知道永遠不要因為無聊就跳過復健階段，並且我試著不要在我還沒準備好的時候逼迫自己。我試著聚焦於正面的事物上，並對未來抱持著期待。我知道自己能夠克服不論何種傷害或病痛。我會一直專注在最終目標。

Confidence

儘管我大部分的童年時光都只穿著泳褲，並且就穿這樣拍照，登上許多全國性的報紙，就像許多孩子一樣，我完全不在意自己看起來如何。因為在成長過程中接受了非常多訓練，也燃燒了許多熱量，讓我一直都很精實健美，完全不用擔心自己吃了什麼。食物在我們的家庭生活中扮演很重要的角色。每週三晚上訓練後，我們會和父親及祖父母去吃咖哩，而母親平常總是會為我們準備好三餐。有好長一段時間，我只有星期天能休假；而星期天午餐成為我們的家庭儀式，總是有一大群人圍著餐桌，非常熱鬧。當我還是個孩子時，和我一起訓練的每個人都只專注於跳水——我們之中沒有人會對彼此品頭論足。儘管發現自己總是能吃很多但不發胖，當我年紀開始漸漸變大時，我也開始失去人體廢物處理機的能力，開始發福了。

二〇一一年十一月，當時我十七歲，參加了在阿德萊德的訓練營。在冬天的幾個月裡，我們有好幾個星期經常待在陽光下攝取一些維生素D，並在戶外的泳池訓練。

有一天訓練結束後，英國隊的隊醫過來找我。

「湯姆，我可以和你聊一下嗎？」

「當然可以，沒問題。」我回應她，心裡不禁想著自己是否做錯什麼，或者她可能要跟我說什麼。

「艾烈希把我拉到一旁，要我和你談一下你的體重。」她說。

「好的，怎麼了嗎？」我問，心裡對這樣的談話感到有點疑惑。

「他只是要請你量體重，看你現在的狀況。我們想試著幫你減輕一些重量。」

「等等，妳在說什麼？」我真的搞糊塗了。直到那一刻，我從未想過我的體重有任何問題。我吃得很好，也努力接受嚴格的訓練。諷刺的是，我和跳水隊在沒有訓練的時候，曾在海邊為嘻哈團體「笑本部」（LMFAO）的歌曲〈性感，我知道〉（Sexy and I Know It）拍一部嬉鬧的對嘴影片。我以為自己很好，而且看起來很不錯。

這是我第一次想到自己可能會胖、身材會走樣，或甚至是「理想」體態之類的概念。我大半輩子都裸著上身，但直到那一刻，我才第一次覺得自己完全暴露在外。這讓我突然有一股很糟糕的感受，我並不只是依據跳水能力被評判；我站在跳臺上的體態如何、是胖或瘦，也會被評價。

英國跳水隊在二〇〇八年奧運的備戰期間曾舉辦一場基本營養工作坊，但大多數時候營養師都跟我說完全不需要擔心，我的體態非常好。從那之後就沒人提過我的體重。我每天的訓練會消耗掉約三千至四千卡路里，所以我一直都只吃我認為適合提供自己跳水所需能量的食物。

我完全不知道該說什麼、該做什麼。在那次談話後，我覺得非常尷尬。他們說會幫我減重，卻沒有給我任何建議。我的自然反應是試著以玩笑帶過，所以當我們在早餐吧時，我會嘲弄地說：「請給我生菜就好！」

但事實是，我真的把醫生的話放在心上了。隔天我開始了一項新的日常工作，我比其他隊員更早起，並在健身房做大量的有氧運動，也吃得比較少。沒有人發現我日常生活的變化。即使只有幾天的時間，我開始感覺到不同；我的衣服變得比較寬鬆。我的體重開始減輕，這讓我非常開心，好像自己正在實現必須完成的目標。

和醫生在聖誕假期前的談話，對我而言就是一記警鐘，讓我在返家的路上立誓要持續減重。我記得那年在餐桌前，我去掉所有碳水化合物的食物，並減少每一餐的分量。我給自己的新任務，和保持健康及優化訓練一點關係都沒有，一切都圍繞著我的外貌。當弟弟們在盤子裡盡情裝滿烤馬鈴薯、香腸捲、聖誕布丁與百果派時，我啃著火雞肉和一些球芽甘藍。這看起來或許很厲害，但即使在倫敦奧運的備戰期間，隊上也沒有一個人能給我適當的營養建議，因為這項運動沒有足夠的經費能負擔這種程度的專業服務，所以我只能從我讀過或在電視上看過的事情著手。我開始做些時髦的事，像是不吃早餐、一整天不進食，或是完全不碰原型食物。在傳統媒體中一直存在著對減重文化的關注，某種程度上，我的減重新目標看起來似乎非常正常。長期來看，我的飲食習慣並不健康。但我還是在一個月內減了五公斤，所以我認為自己是成功的。

後來我透過珍，認識了專業運動營養師，並和他們合作，現在我知道體重並不能衡量你的體態；而是取決於脂肪在你的身體裡占多少比例。你的體重不是你的整體健康指標。在珍曾任職的美國大學系統中，有專精於這方面的人可以提供幫助。針對飲食提供建議援助，並以更精確的方式分析身體狀況，對運動員來說是再平凡不過的事。但當時我完全是根據磅秤上的數字被評斷。很奇怪的是，這似乎完全不影響我的表現，也不影響我維持絕佳的跳水能力，但我那時一直覺得自己像個廢物。我沒有活力，而在多年幸福的無知之後，我對自己的身形變得極度在意。每一次我脫掉衣服時，都會懷疑現在是否有人正盯著我看，並認為我過重。這感覺像是有一朵充滿負面語言的烏雲隨時跟著我。

有時候我會去參加體操訓練，我們的烏克蘭籍教練會大吼：「上磅秤量體重！」雖然沒有一個教練公開跟我聊我的體重問題，或是在我面前互相討論，但我認為他有被告知要注意我的體重。我仍然痛苦地意識到，我被認為過重。

我會在經過其他跳水隊成員面前時感到一陣緊張，並想著自己為什麼會在所有人之中特別被挑出來，遭受這樣的特別待遇。裸露地站在那裡，並看著數字往上增加，真的令人感到非常洩氣。因為我是男人，所以我不會被此所影響的假設一直存在，因此要如何討論我的體重問題，完全沒有顧及我的感受。

這名教練會在我結束訓練後又叫我做額外的有氧運動，以減輕我的體重。他和艾烈希關係非常密切，這讓我感覺他彷彿隨時在關注我，要確保我的體重一直受到監控，而我對這一切都知情。

似乎存在著一個對我的期待，就是每個人認為我應該要有著什麼樣的外型，但我卻沒有符合期待。我對這個問題越來越焦慮，彷彿我的腦袋完全被擔憂及它的最佳拍檔——恐懼——所綁架。我開始把注意力完全集中在我認為自己身體不完美的地方。有時我在泳池邊脫掉上衣或準備要跳水時，即使周圍沒有什麼人，我也會懷疑是否每個人都只想著我的外表。這種感覺讓人幾乎動彈不得。

在二〇一二年倫敦奧運的備戰期間，我並沒有好好吃飯，而且是嚴重地讓自己營養不足。如果我吃了我認為的大餐，像是中菜外帶或是甜點，總是會有很深的罪惡感。有時候，當我們外出晚餐時，我覺得自己點太多菜，或是認為剛吃完的蛋糕太大塊，我就會吐出來。每當我吃了讓自己感到開心的任何食物，一股巨大的罪惡感就會把我淹沒。我會對自己感到非常厭惡。我清楚自己在理智上不應該這麼做，但我腦袋裡的聲音告訴我，我變得越來越胖，並且會從自己吃過的食物中增加體重，而這股聲音淹沒了其他一切。唯一讓我感覺比較好的方法是屏除我「不應該」吃的食物，但這種鬆了一口氣的感覺非常短暫，因為隨後一波又一波的羞愧與懊悔很快就排山倒海而來。或者我會採用另一個極端的方法，在吃了自己覺得不該吃的食物之後，我會餓一整天。有時候我很享受自己不餓這件事，或是就乾脆避免吃太多。我會喝健怡可樂、吃無糖的 Polo 薄荷糖，或是咬冰塊，讓我的身體以為我在吃固體食物。下定決心不吃東西有時候確實是比較簡單。我在想是否該找人聊，並告訴他們自己的感受，但我家裡也發生許多事情，所以我就沒有跟任何人提。在奧運即將來臨之際，對我的體重不經心的評論，加劇了這些情緒。

我發現艾烈希拿我的照片給教練們看，並告訴他們，我看起來應該要像這個樣子——我十四歲時在北京奧運的模樣。艾烈希會注意所有跳水選手，他顯然認為當時骨瘦如柴的我，以及我活動的樣子，是讓我的跳水運動最佳化的原因，但我那時基本上還是個孩子，有著纖細瘦長的四肢和大門牙。運動就跟任何其他工作一樣，就像任何辦公室裡的小道消息，他的話對我產生了影響。

在奧運個人賽事的前兩天，我和其他跳水選手一起坐在選手村的戶外。那時是午餐時間，我手上拿著雞肉捲。

艾烈希走過我面前，臉上露出不悅，對我說道：「你可以吃那個嗎？」

我非常震驚，但那一次，我覺得自己是強大的。他在我正準備要參加人生中最大的一場比賽時，當著我的面說這件事，讓我非常生氣。我很清楚自己需要進食以提供所需能量。甚至在當時我心裡認為雞肉捲是個很好的選擇。

「是的，這是我的午餐。我今天就要吃這個。」我回應他，默默地生起悶氣。

我在二〇一一年年底開始減重前是七十六公斤，我參加二〇一二年奧運時是六十七公斤。那段時間我的重量減輕了許多，但負面想法仍持續影響我的飲食，我一直覺得肚子餓，而且總是筋疲力盡。在泳池裡，我耗盡能量的速度比我之前正常飲食時要快許多，即使有這些明顯的副作用，還是沒有人認為我的減重是件壞事。

我在奧運預賽的表現很糟，而就在預賽結束當晚，我突然想通了。我知道自己需要吃得夠多，才會有足夠的能量一路比完整個賽事。我決定就是要好好吃飯。我的整個人生都在為這場比賽訓練，也不太可能再次在家鄉父老面前參加奧運跳水競賽；我絕對不能失去奪牌的機會，只是因為沒吃早餐。我的飲食習慣在一夜之間改變了。我決定要在剩下的賽程中好好進食，而且我經常在泳池邊大嚼小熊軟糖。我想要，也需要能量，好讓我能繼續跳水並維持我的水準。我想要成功的動力，最終還是戰勝了去適應將我定位在特定體型的壓力。我現在了解到，就像一級方程式賽車手的車子一樣，對運動員來說，我們的身體就是成功的主要工具。如果我們過重或過輕，就無法拿出我們的最佳表現。但不同於一級方程式賽車有一個專家團隊專門打造車子，我並沒有這樣的幫助。

就在決賽前，艾烈希走過來對我說：「只是讓你知道一下，如果我們今天沒有贏得獎牌，就不會有經費資助了。」這句話並沒有讓我覺得好過，我不明白他為什麼要這麼說。

回顧過去，他對待我的方式就像是他覺得需要調教的小孩，不論是我的體重還是運動表現。或許這就是他認為的激勵對話。在我贏得獎牌後，他對我多了一分尊重。那感覺彷彿我在他的眼裡蛻變成一個男人。許多運動專業人士不知道如何處理體重問題，或是不知道為什麼有人身材會走樣。來自四面八方要我變瘦的壓力，還有對我的外型及其重要性的評論，從來沒有遠離過。就像人們會告訴你要提升你的運動表現，他們也認為可以直接跟你說你過重了，你必須要更努力才能減重，完全不在意地以這種可能會造成精神傷害的方式來談論我們的身體。跟一切事物一樣，需要關注的並不是只有體重這種生理層面的問題，還有心理層面的問題。即使到了現在，如果我的訓練很不順利，或是因為任何原因感到行動遲緩或拖泥帶水，珍就會歸咎於我體重增加或是我「有點發福」了。但經常和這一點關係也沒有，而且這樣的表達方式讓我覺得自己很沒用。許多教練也相信，如果你在跳臺前看起來像個紙片人，自然就會獲得評審的青睞。有很長一段時間，珍一直叫我穿黑色的泳褲，可以顯瘦。當奧運的隊服發表時，有出白色的泳褲，珍馬上叫我選海軍藍的樣式。

在倫敦奧運後，我再也沒有讓自己生病，而且我學到很多關於適當營養和自己應該吃些什麼的正確觀念。當二〇一三年珍介紹一位專業營養師給我時，我覺得開了眼界，她給了我一份飲食規畫表。

「等等，妳是說我可以吃掉所有這些東西嗎？」我看了之後忍不住問。

我眼前的這份食物清單比較像我一週會吃進肚子裡的量，而不是每天的量。

營養師告訴我，這不光只是和我吃的食物有關，還有我進食的時間、我所攝取的每樣食物裡的主要營養素、訓練前後的能量補充方式，以及食物如何影響我的運動表現與恢復狀態。在這之前，我一直以為自己不該在健身後進食，因為那會讓我所有的努力功虧一簣。我被教導的做法和現在說的完全相反，在健身後二十分鐘內攝取一些蛋白質做為補充與修復是必要的，這是為了要從健身中得到完全的效果。我也更了解如何準備飲食，不是只有限制我的卡路里，而是在一般訓練日、休息日與比賽前如何選擇正確的食物。這些知識會讓你更有力量。

當我開始和珍合作時，還做了完整的體脂肪檢查。一般男性的體脂肪率是在一八至二四%之間。我第一次做的排空氣法（bod pod）檢測結果，顯示我的體脂率是一〇%，我覺得有必要再減少。你的體脂肪率必須在一二%以下才能看到腹肌，而一〇%對跳水運動來說顯然過胖。一年後，來到二〇一四年，我做了另一個類似的檢查。那時我正準備前往上海參加世界盃錦標賽，我的體脂肪率已經降到三%。我一直接受很嚴格的訓練，即使我不再讓自己生病，也不再做「時髦」的事，我無疑是保持在熱量不足的狀態，因為我消耗的熱量比我攝取的熱量高出許多。雖然看到這個數字很開心，我還是得和體力、專注度及受到的運動傷害搏鬥。為了維持這樣的身體組成，我必須一直維持在熱量不足的狀態，但這感覺很難做到。我幾乎沒吃什麼東西，而且更努力訓練；這感覺很殘忍，對我來說無法持久。現在我發現，當自己的體脂肪率維持在七至八%時，狀態會最好，即使我還是有維持苗條體態的壓力。雖然菁英運動員的確需要非常低的體脂肪率，但這並不適用於每個人，英國皇家護理學院（Royal College of Nursing）將八至二〇%的體脂肪率列為二十至三十九歲男性的理想比例。

我的身型有變好，但圍繞著食物與罪惡感的各種感覺仍然存在。自從在澳洲的那次談話後，我每天早上都會量體重。我甚至會隨身帶著自己的體重計去訓練營及參加比賽。我不知道有任何其他跳水選手會這樣做。我知道一直量體重或許對自己沒有好處，但只要我還在跳水，這就是我例行公事的一部分。我有感覺到自己會以每天量體重的結果來評斷自己。隨著年紀增長，我了解有許多因素會造成你的體重變化，並不只是你的身體帶著多少脂肪，還有像是你帶有多少水分、做了多少訓練（這會透過發炎反應讓水腫變得更嚴重），以及你的肌肉或肝臟儲存了多少碳水化合物或肝醣。教育幫助我理解這一點。不過一旦你經歷了身體形象問題，以及自尊的掙扎，要改變或擺脫這種思維模式真的非常困難。它變得根深蒂固又難以撼動；現在感覺像是我的一部分。

在我們參加任何比賽之前，一定會量體重。前幾年，我總是試著在比賽前達到某個特定數字，認為如果能成功達到某個體重數字，我就會跳得很好。在跳水運動裡並沒有足夠的經費讓我們在出發比賽前做體脂肪檢驗；相反地，以一種相當粗糙的方式來測量我們的體脂肪，拿卡尺量我們身體各部位皮膚底下的脂肪厚度，像是三頭肌、軀幹及腹部。和我一起訓練的菁英團隊裡的所有男生中，我是最重的，皮下脂肪也最高。所以做完這些測驗後，我總是有點心灰意冷。

我應該，也可以，再瘦一點。

很明顯地，和體重相關的問題不會總是和缺乏支持有關。一直都存在著各種聲音，對你的外貌表達意見，即使不是當著你的面，也不是以惡意或負面的方式表現。但這些聲音會在任何談話裡，或隨興的評論中，迴盪很長一段時間。當我在吃某樣我認為「不應該」吃的食物時，就會回想起那次在澳洲的談話；我發現自己會站在鏡子前想著：「噢，我的老天，我真的不該吃的……」如果我吃了一頓特別豐盛的晚餐，或是認為自己吃太多，我不會讓蘭斯抱我，或在床上摸我的肚子。我會覺得自己太暴露了。

我認為，這個試著要保持適當尺寸的想法，就像縈繞不去的宿醉，會永遠跟著我，但我還是試著克服腦中的這些感覺，並對自己的形象更有信心。我試著察覺自己出現這些負面想法的時刻，並告訴自己，我正在做正確的事、吃正確的食物，但真的很難。人的身體會隨時間改變。拿自己和別人比較，或是和年輕時的自己比較，絕對不是件好事。沒有人會和另一個人擁有相同的身體，所以每個人看起來都不一樣。

不管自己有多重，我都會努力專注於自己的感受。我也了解，我的最佳外型並不一定會和我的最佳表現相符。當我在二〇一六年的里約奧運出賽時，體重是七十一公斤；我贏了預賽，卻無法一路挺進準決賽，最終被淘汰。一年後，我在布達佩斯的世界游泳錦標賽中打敗奧運獎牌得主，贏得比賽；當時我的體重是七十三公斤。這顯示了，我在二〇一六年或許看起來不錯，而且在部分賽事裡表現得很好，卻沒有耐久力去維持一定程度的能量與力量，讓我可以在連續數日的賽事中保持高水準的表現。二〇一七年，我比較重，也比較強壯，具備我所需要的體力在連續三天的不同競賽項目中出賽。當我沒有攝取足夠的熱量時，無法具備那樣程度的耐力去表現最佳的自己。

我的感受，以及我要怎麼表現，這兩件事是最重要的。我需要對自己的外型有信心，但我現在更清楚如何為我的身體與大腦補充能量，並為自己需要去做的事提供完善的準備。還有，最重要的是，我不應該聽取他人對我外型的看法。

Resilience

韌性

我從很小的時候，就對跳水運動具備堅韌與剛毅的心態。如果有任何人說我不能做什麼事，我就會向他們證明我可以。我就是更努力地讓自己變得更好。就是這麼簡單。

從我在孩提時期開始比賽時，就受到跳水界人士注意。在二〇〇三年四月的一場國家新秀選拔賽中，一位叫做雀爾喜．沃爾（Chelsea Warr）的女士注意到我，當時離我九歲生日只差一個月。雀爾喜負責管理一個由英國國家彩券（National Lottery）資助全國各地跳水選手的「世界級新星」（World Class Start）培育計畫；這個計畫的其中一個部分是雀爾喜訓練一批她認為有潛力在國際級賽事取得成功的跳水選手。那場比賽的前五名——我也是其中一名——要完成一系列的簡單測試，像是抱膝跳、屈體動作，以及短跑測試。她還測量我雙腿的長度，並和我的上半身比較，也量了我的手臂長度。

我開始和其他來自英國各地的跳水選手一起參加訓練營；每年都有九個訓練營。然後我們就開始從地區訓練中心被篩選出來，組成一個青少年國家隊，競爭非常激烈。我就是在這裡遇見傑克．勞爾（Jack Laugher）、艾莉西亞．布拉格（Alicia

Blagg）、格蕾絲．里德，以及我在過去十年一起並肩作戰的其他跳水選手。

這些訓練營的一部分包括所謂的天才測試。它是一系列的詳細測驗，是為了找出我們當中具備長期成功潛力的人而設計。我在這個測驗裡的每個項目都失敗了，從彈性到力量及跳躍高度。我完全不能劈腿，就是沒辦法和那裡的其他跳水選手做得一樣好。

我開始習慣教練和其他人公開討論他們認為我在泳池裡的能力。

其中一位頂尖教練非常直率地告訴我：「你永遠不會成為一名頂尖的跳水選手。」當時，最優秀也最強壯的男孩們正在三公尺跳板上做屈體組合動作，她對我說，我沒辦法做這個，因為我不夠靈活、不夠強壯，而且技術不夠好。

我並沒有洩氣，我記得從那段對話離開後，我反而感覺更堅強。就是那位教練給了我更多一定要成功的決心；我必須向她證明我做得到。這名教練指導的一位跳水選手也參加相同的計畫，我們兩人競爭十分激烈。他一直都表現得比我好，在大多數測試中都稍微領先我。打敗他很快就成為我異常執著的目標。不管我被說多少次我無法做到，我把這些評論都當成耳邊風。沒有任何事情能阻擋我實現夢想。

我現在知道自己非常幸運，雀爾喜在我和傑克——他也不是在這些天才測試中名列前茅的人——身上看到其他人所沒有的特質，儘管我們的分數意味著我們做不到，她仍選擇不讓我們從隊伍中淘汰。沒錯，我們確實無法像體操選手那樣按照要求把雙腿拉開一百八十度。或許我們也不像其他人一樣強壯或有彈性。我不知道是因為我們的態度，或是我們拚命嘗試讓自己的動作和其他人一樣好，即使我們做的並不好，她仍持續觀察我們的潛力。她後來告訴我，她看到我擁有其他人所沒有的特質：在泳池裡，我具備成為頂尖跳水選手所需要的空間感知與「目標定位」能力。

然後我開始慢慢在比賽中突飛猛進，把其他選手甩在後頭。我進步的幅度很快就超越他們。然而，我的測試結果仍然不是最好的。不論我怎麼努力想熟練劈腿動作，我就是無法掌握它，但我需要一些動作來幫助我在泳池裡成為一名更好的跳水選手，像是懸吊屈體（hanging pike-ups），讓身體懸掛在牆上的橫桿，舉起雙腿，以伸直的方式觸碰橫桿，還有跳躍高度（jump height），確實讓我進步不少。如果僅憑這些測試來判斷我們的潛力，那麼我和傑克都無法成為跳水選手。韌性非常重要；它能確保你持續往前邁進，即使其他人都認為你應該放棄。但誰知道當你拒絕被擊倒時會有什麼成就。

關於我私生活的媒體報導大約是從這時候開始的。有一天，訓練課程結束後，我搭父親的廂型車回家，看到地方報紙《普利茅斯先驅報》（*Plymouth Herald*）擱在其中一張織布椅上。我那時九歲，每週在五月花運動中心（Mayflower Centre）訓練三次，並參加這些「世界級新星」週末訓練營。我非常沉迷於跳水，專注於熟練新的跳水動作，並且每週提升自己的表現。報紙上有一張我其他跳水朋友的照片，他們才剛參加完全國錦標賽。有一小篇關於他們的報導，並描述他們在比賽中的表現。

「爸爸，你看！你覺得有一天我也會出現在報紙上嗎？」

「可以啊，如果你繼續努力，有一天可能會登上《普利茅斯先驅報》。」他笑著說。

「那就真的太棒了！」

隔年我十歲，參加了全國錦標賽，並成為十八歲以下年紀最小的優勝者。隔天，有一小篇報導出現在《普利茅斯先驅報》，標題是：「跳水神童戴利是英國有史以來最年輕的冠軍」。我超開心的！

在那之後，我贏了更多比賽，地方報紙的報導也開始越來越多。當我十一歲時，英國廣播公司（BBC）《地平線》（*Horizon*）系列節目要拍一集奧運獎牌希望運動員特輯，特別來跟拍我。當我在二〇〇八年於北京參加我的第一次奧運時，媒體對我的關注度越來越高，我很快就習慣有麥克風在我面前。

北京奧運之後，我成為英國第一個十公尺高臺跳水的世界冠軍，那時我十五歲，媒體對我的關注度又再提高了。我開始接受所有主要大報以及小報的專訪，而且非常樂在其中。我喜歡聊我所從事的運動，而且除了跳水和學校，也沒有什麼好聊的。這些媒體對我的報導都很正面，也很支持我。二〇〇九年，我在羅馬奪金的幾週後，我和超模凱特．摩絲（Kate Moss）在大師布魯斯．韋伯（Bruce Weber）的掌鏡下，為義大利版《時尚雜誌》（*Vogue*）拍攝封面。對於自己能和一位超級模特兒一起被這麼知名的大師拍照，我覺得超級不真實。我很幸運。我甚至還問凱特是否能讓我拍照，做為我的學校攝影課作業，而她同意了。凱特在戶外的一面磚牆前擺姿勢，布魯斯．韋伯則在旁邊教我如何拍出好照片的祕訣。

我參與了許多厲害的拍攝，而我的媒體工作一直都是我生活中很重要的一部分。我一直都很喜歡接受訪問，對許多採訪都說好，總是與記者朋友一起坐下來，開誠布公地回答他們的提問。

在二〇一二年倫敦奧運之前，我一直以為媒體是支持我的。大多數關於我的報導都非常正面或是還不錯，所以我從不覺得有需要去注意關於我的報導。我那時還是個小孩，知名度也不高。報導往往在談我的跳水運動表現，有時則談論我如何在跳水、學校課業及家庭生活中取得平衡。

但這並不表示我對自己年輕時在媒體的形象沒有任何意見。有時我被要求穿著泳褲照相，現在回頭看，這些照片可能會被認為相當性感。但當時，我從未拒絕過攝影師針對某些特定照片該如何拍攝或是我應該怎麼做的建議。我就是完全配合。對我來說，泳褲就像是工作服，等同於學校制服，或是在公司上班要穿戴的領帶與外套。我的心智要比我的實際年齡成熟許多，所以我從來不覺得自己被占便宜。我不覺得奇怪或有什麼不同；這讓我覺得自己長大了。回顧過去，現在我絕不會讓這種事發生。我認為人們會對這種照片的適當性有所質疑。

然而，當我年紀較長後，八卦小報真的開始襲擊我，試著要挖出更多關於我私生活的細節。這股風暴是從我父親過世後開始。狗仔隊非常厚顏無恥地聚集在父親葬禮外面，等著我和家人離開。他們當中有很多人穿著夾克，帶著長鏡頭攝影機，想要拍下我們的照片。他們拍到我因悲傷而顯得木然呆滯的照片，眼神空洞地走在父親棺木後面，這些照片隔天就出現在所有報紙上。之後，在二〇一二年倫敦奧運的備戰期間，記者仍不斷想打探我的狀況。在父親過世後的一週內，我的私生活完全被攤開，總是被問到這些無情殘忍的問題：

「父親不在身邊的感覺是什麼？」

「他過世的時候你在場嗎？」

「你以後要怎麼辦呢？」

「你現在感覺如何？」

報導主題似乎從對我的支持，轉變成要從我這裡得到一些東西：眼淚、情緒爆發，一些新東西。或許我並不像看起來那麼正常與適應良好，但我絕對不會在我甚至無法向家人表達內心深處情感的時候就告訴隨便一位記者。

當我變得越來越有名，我就像是個公共財，每個人都有必要知道關於我私生活的所有一切，而且完全沒有底線。只要我和蘭斯在一起，小報就會刊出關於我的戀愛關係各種版本的故事，而其中又有許多斷章取義的內容。我的戀愛關係成為公共利益的一部分。我曾看過有人上鉤，試著要回應小報，但結果似乎從來不是好的；我覺得自己不論說過什麼或做過什麼都無所謂，所以我選擇忽視，儘管事實上每個人似乎都相信他們讀過的內容。關於我私生活的謠言與臆測是非常不公平的。當謊言變成白紙黑字，或當真相被以某種方式扭曲得更聳動時，這些故事就會一直傳下去，並且全面性地摧毀一個生命。會說出「今天的新聞明天就成過眼雲煙」的人絕對不曾有過自己的私生活被拿來公審的經驗，當事情被寫出來後，你就像擁有一個永遠洗不掉的印記，不論事情本身是真是假。我也非常在意，一旦事情被寫出來，它就會一直存在，以後我的小孩就會看到。在英國，我們看到許多人遭受小報媒體折磨，但這種情形仍然一直存在。

關於我私生活的報導開始更頻繁地出現在小報上，讓我感覺自己是完全暴露的，而且非常擔心。當我看到手機上出現我的公關人員的電話號碼時，會感到噁心，遲疑地接起電話，還怕聽到他們要跟我說的話。甚至到現在，他們會先發訊息給我，告訴我一切都很好，這樣我才不會緊張。

一直到那段時間，我才發現有特定的一些報紙想對我使絆子。我的朋友和蘭斯的朋友經常會接到電話，被問及關於我們、我們的生活和關係的問題。有一種挖掘醜聞的感覺，即使這醜聞完全不存在；他們似乎爭先恐後地在找可以寫成報導的任何事。

有一天我的電話響起，是我的經紀人打來。

「我不想嚇到你，但我們接到一家報社的電話，他們說手上有一部你在吸古柯鹼的影片。」他緊張地說。

「等等，你說什麼？」

「他們說影片裡的人很明顯就是你。而你當時正在吸食毒品。」他說。

「我這輩子從來沒做過這種事。我是一名運動員，而且一天到晚都在做藥檢。

為什麼我會去吸古柯？」

藥檢員會在任何時間隨機要我做檢測，要求我提供尿液樣本讓他們分析，證明我沒有使用禁藥。這個程序會有各個組織機構介入，包括國際游泳總會與英國反禁藥組織（UK Anti-Doping），以確保選手遵從規定。我得上網填寫一張表格，說明我每一天的每一小時會在什麼地方，以及我每一年的每一週的每一天晚上會在什麼地方睡覺。如果他們出現要對我進行檢測，但我人並不在我說的地方，我就會被記一次警告。

三次警告就會喪失資格。

這是非常嚴肅的事情：有時檢測員會出現在我家，有時他們會來泳池。我大概一個月檢測一次，有時稍微頻繁一點。我已經做這件事很多年了，它就只是工作的一部分。即使我很喜歡和朋友出去喝個幾杯，但若說我會任意在週六晚上有個聚會並且決定吸毒，似乎是完全失去了理智，而且是我絕對不會考慮去做的事。

「報社說他們明天會登出這篇報導，如果你要發表看法，必須在今天傍晚前發表。」我的經紀人說。

「嗯，我不確定——對我這輩子從沒做過的事情，我該說些什麼？」

我壓力非常大。許多關於我的報導都不是真的，但只要一登上報紙，每個人都相信。但我們非常確定這篇報導絕對不是真的，而且沒有什麼我出現在裡面的影片，所以我們沒有採取任何行動。結果根本就沒有影片。任何事都沒發生，也沒有上報，但我仍緊張不安——這是我第一次感受到媒體想要惡意摧毀我的事業及名譽。我之前已經見識過自己的私生活是如何受到扭曲，但這件事完全超出我的想像。

這起事件是我第一次感覺到媒體對我的報導內容已經失控。我知道沒有小報以調查其他人的那種規模來調查我的生活，但我還是覺得報社彷彿認為我是某種八卦的主要素材。每個人都會對你有看法，即使他們和你素昧平生。人們是以你被書寫的內容來評斷你。現在，我絕不會因為我讀到的內容就很快地評論任何人，不論這些人多有名，並且會對小報上大部分的報導持保留態度。隨著時間過去，我學會接受任何關於我的報導，即使有些不是真的，然後就讓日子繼續向前走。但有時會很難接受。只有你拒絕讓任何報導傷害你——更甚者，永遠不要讓它定義你——你才能真正對人們的評論百毒不侵。

當然，身為一名代表國家參加多項比賽的運動員，以及在一些人眼中家庭生活不符合常規的同性戀男子，我要應付的不只是媒體對我的看法。我在社群平臺上一直都有廣大的追蹤者。我會貼我想讓其他人看見的文章或照片，社群媒體提供我這樣的自主權。我有一群很棒的粉絲，以及巨大的支持力量。有時候，我的平臺很像一個社群——帶著激勵人心又友善的聲音的一群人。然而，並非一切都是積極正面的，還是有許多缺點。網路上，在支持的聲音裡，總會出現一些恐同言論或甚至更激烈的言語。我不認為這是絕大多數，但酸民的煽動性言論偶爾會造成大麻煩。

二〇一二年，我和彼得．沃特菲爾德沒有在男子雙人跳水奪牌，之後我轉發了一則酸民給我的訊息：「我希望你知道，你讓你爸失望了！」我在這則訊息後面加了一句話：「在我全力以赴之後，還是會收到一些白痴訊息……」只要按一個鍵就能輕易地讓我的數百萬粉絲看到這則貼文。我現在已經更懂得如何面對這類訊息，但那時候我還在學習如何不讓它們影響我。

在那位仁兄試圖收回訊息後，他又轉而攻擊一名為我辯護的人。他寫道：「我會找到你，然後把你這個渾球丟進泳池，你這個令我作嘔的人渣。」這次不是我在接收端，但這件事將網路霸凌的議題放大了。這非常傷人，沒有人需要面對這種事。被牽連進這麼卑劣的事情，我的感覺很糟。

我也曾在網路上遭受過許多恐同辱罵。二〇一六年奧運結束後，一個基督教團體在推特上發訊息給我，說我的私生活就是我在里約奧運表現不好的原因。有時候，我會收到來自四面八方的這類言論。現在我試著不要看太多我在社群媒體上的貼文回覆，我會貼我想發布的內容，因為我覺得這最能代表自己當時正在做的事情，並且我希望永遠不會收到負評，這些言論就像泳池裡的水，在我不注意時就從我身邊流過。

社群媒體的先決條件，以及人們可以在上面發表負面言論的方式，是非常不尋常的。有時候這會讓人感覺十分空虛，而且一則負評真的會比一百則正評要更深刻。我在IG上有兩百萬名粉絲，所以每次我發布照片時都覺得自己彷彿站在舞臺上，讓每個人都有機會大聲說出他們是否喜歡我的穿著或是我做的事。在這些情況下，經常會有人大聲喊出像是「我討厭你的褲子」、「你幹麼這麼做？」或是「你會下地獄」之類的話。我知道大多數在社群媒體上分享這類負評的人絕對不敢在我面前這麼說，他們可能只是在對自己的缺乏自信做補償。我現在逐漸了解，社群媒體幾乎就是一道屏障，當人們釋放出黑暗邪惡的想法時，可以躲在後面。

現在，我發完推特或在ＩＧ貼文後就離開。我認為社群媒體提供人們一個可以對他人說惡毒言語的平臺，而且完全沒有解決之道。我學會不在乎一些匿名者隨機的網路評論。我希望羅比長大的時候，世界已經進步，而且社群媒體不再像現在只是一個「所屬物」*。只有在我的社群媒體使用上設定明確的界線，我才能以正面的態度使用它，並且不讓負面言論過度影響我。我試著利用社群媒體來激勵我，並關注那些讓我覺得開心的帳號。至於其他事情，我試著不去理會。

譯注：原文 thing，選擇譯為「所屬物」是由於現在的社群媒體使用者往往因為擁有自己的專屬帳號，而認為擁有在此媒體平臺的話語權。甚至會覺得，以這個在網路媒體中建立的線上身分發表的言論，不需要負任何責任。整個過程是完全的個人導向，社群媒體就成為這些使用者的所屬物及使用工具。

這幾年來，我試著以不同的方式面對不同的壓力，有些方式比其他的有效。我學到對我的運動要非常有韌性，也學會如何重新定義失敗與不好的比賽結果，以及如何使用正向的自我對話。我曾經面對無數次的逆境並克服它們，成為不入流媒體及社群媒體的關注目標，是我在培養韌性態度與強壯心智中感到最困難的領域，但經過這段時間我真的有變得比較好，而且我的優先順位也有了轉變。惡意的評論，特別是對我本身或是我想法上的曲解，對我來說是很難消化的，但我沒有多餘的力氣關注在這種事情上，所以我試著不去理會。那些與我關係不深的人，我從不讓他們的評論過度影響我。我會向我尊重且信任的人尋求意見，而這些人也總是給我非常有建設性的建議。我會和這些人同桌而坐嗎？他們真的認識我、在乎我嗎？所以，他們的意見重要嗎？如果以上皆是，他們的意見我會聽。否則我就是對這些言論都抱持中立態度。我把這個權力拿回自己手上，並且知道我只能在自己權力範圍內控制它。提到來自外部的壓力，我知道自己在做什麼，以及什麼對我和我的家人來說是正確的。

Kindness

寬容

我還記得我參加的第一個全國比賽。當時我十歲。那是全國高級錦標賽（Senior National Championships），拿到參賽者名單時，我們隊上有十八個人在名單上，其中有許多人年紀比我大很多。我緊張到胃痛；我看到比賽現場每個角落都有高大的跳水選手從跳臺上一躍而下，輕鬆地在空中做轉體，並優雅地入水，沒有在泳池裡濺起任何水花。

「我好緊張。萬一我做不好怎麼辦？如果我的表現不像訓練時那麼好，怎麼辦？」

父親總是有辦法讓我不要那麼緊張。

「湯姆，有十八位選手參與這場比賽。如果你是最後一名，你就會是全國第十八名。你知道這有多棒嗎？」

「你說得對，這真的是太棒了！」

所有的壓力馬上就解除了，就像水一樣流走，瞬間就蒸發消失；這或許是我那天贏得十八歲以下全國賽獎項，並在高級比賽項目中贏得全國第三名的部分原因。

但我知道，不論我的表現是好是壞，爸媽對我的態度會始終如一。即使我做出糟糕透頂的跳水動作，還是會得到來自爸爸的掌聲、加油聲，有時甚至會流下開心的眼淚。不論我的跳水做得有多好，媽媽總是說這很棒，就像她一直相信的那樣。爸媽具有足夠的智慧，知道不要給我壓力或嘗試挑戰我。

從很小的時候，只要我在訓練時表現很差或比賽不如預期，我就會變成自己最嚴厲的評論員。一旦我學會並完美地執行一個跳水動作，我總會想在任何一場比賽中複製它。有時候我做到了，但我更常犯錯。

「剛才真是太爛了，完全亂七八糟。我跳得實在很糟。」我會在事後喃喃自語地抱怨著。

「真的嗎？你認為是哪裡出錯呢？我覺得很不錯啊。」父親會說。

然後我就會逐一說出我認為不好的地方。

從一開始，我就有頑強的意志與求勝的動力。泳池邊擺著一列閃耀的冠亞軍獎盃，而我想要贏得更多，放在我家的特殊櫃子裡。這使我上癮，就像毒品一樣；我贏得越多獎盃，就越想贏。

有時候，我會非常討厭學習新的跳水動作。我很害怕。我經常會氣呼呼地衝出泳池，爬上爸爸的廂型車，哭著抱怨我做不到，跳水動作太難了。

「你可以回泳池裡再試一次，或是我們可以去麥當勞吃冰炫風。你說了算。」他對我說，聳了聳他那寬闊的肩膀。「我很想吃冰淇淋。」

但通常是，他才剛發動車子，我就下車回泳池再試一次。然後我們會開車回家，並在路上買冰淇淋，而我會對自己的進步感到驕傲不已。

每個小孩都想讓父母感到欽佩與光榮，但我很清楚自己並不需要有好的表現來贏得任何形式的愛與尊敬。

他們的愛一直是無條件的。

還是個孩子的時候，我看到周圍其他年輕的跳水選手在參加比賽時會擔心如果沒有得名，自己的父母會怎麼想。他們會焦慮地掃視四周，向群眾揮手，臉上明顯帶著憂慮的表情，擔心父母怎麼看他們的表現，是否感到滿意。我每天都很投入，不論是否有比賽，我都沒有他們那種壓力。爸媽都很了解，關於我的跳水和課業，只要讓我在所處環境裡有安全感，不論是在泳池、學校或家裡，我都能有最佳表現。他們從來沒有告訴過我，我必須去做某件事，或是任何事。無論我比賽是輸是贏，他們對待我的態度都是一樣的。

我開始跳水是因為我喜歡這個運動。我有機會和年紀長我兩倍的人一同跳水及參賽，並且沒有感覺到壓力。我沒有什麼可損失的。我可以出場比賽並樂在其中；我就是玩得很開心。他們把跳水視為我喜歡做的事，只想要我開心，永遠不需要擔心過去發生過什麼事，或未來可能會發生的任何事。父親會告訴我：「擔心是對發生壞事的禱告。」我想他是試著想告訴我，不要專注在自己無法掌控的事情上，如果我想太多負面的事，就好像我想讓這些壞事發生。

父親看事情一直都有很好的觀點。他一直強調我是因為興趣而跳水，這也是我應該要樂在其中的事情。當跳水開始變得越來越需要嚴肅看待，在跳水與課業的雙重壓力沉重地壓在我身上時，或我因為某些原因度過了糟糕的一天，他只會說：「明天又是全新的一天，你可以選擇繼續帶著這些壓力，或是把它們拋到腦後。」

我被教練們逼得非常緊。隨著排名往上升，我從只在泳池訓練到搭配陸上課程，讓我做肢體調整並在跳床上訓練動作，並在下面鋪有海綿墊的乾式跳板上訓練我的技巧。跳水動作結束時，入水的衝擊力道是非常大的，乾式跳板能讓我在練習跳水動作時減輕對我身體的壓力。我可以單獨練習某個特定技巧或跳水動作的某部分，並在建構出每一個跳水動作前，把各個部分練到完美。我經常因為疼痛而醒來，或是在訓練課程結束後做伸展時感到疼痛，但教練與爸媽都不會表現出太多同情心，或是告訴我可以放棄。我學到這就是成為一名運動員的一部分，也是必要條件。安迪灌輸我要全心投入才會產生效果的觀念，他會一直跟我說：「沒有運氣這回事，只有萬全的準備。」

隨著我年紀漸長並開始贏得更多比賽之後，我的教練和我自己都開始有更多的壓力與期待；我贏的賽事越多，我就更想要贏。在經歷糟糕的訓練課程或比賽之後，學會對自己好一點，是需要時間的。當一個跳水動作做得不好時，我會發現自己陷入負面想法的漩渦裡。

「我無法做這個動作。」

「這真是一場災難。」

「我不是個優秀的跳水選手。」

整堂訓練課程就這麼報銷，而我就坐在泳池邊堅硬冰涼的瓷磚地板上哭泣。任何比賽只要有一點小地方出錯，就會從那一刻起演變成一場大災難。有時候，即使我才剛剛開始，我也覺得自己已經輸了。

有一場區域性比賽，我到現在都還印象深刻。那時我九歲，正從一公尺的跳板做兩次前空翻。當我跨欄起跳時，我的腿沒有撐住而彎曲，造成入水姿勢不佳，打到我的背與臀部。我立刻知道這是一次失敗的跳水。我覺得很丟臉而且非常氣自己，我從泳池邊跑開，衝出防火門，差點把一名跳水選手撞進游池裡。一名教練不得不追著我，試圖讓我冷靜下來，並說服我繼續完成剩下的賽事。即使我最後排名第四，這樣的結果對我來說根本就不夠好。把目標訂很高的同時也帶著很高的失敗風險。所有運動員都會挑戰人體的極限，所以不可避免的，一切不會總是順利。安迪會使用彼得潘的比喻，並且告訴我要「飛出去」，以此訓練我擺脫負面思考。當時我以為他不了解，或是沒弄懂我的想法，但隨著年紀增長，我能夠了解那些比喻是好的，因為它們能幫助你發展出更具韌性及同情心的心態。現在的我會先走開，站在沖水區一兩分鐘，試著將自己的想法轉換成更正面、寬容及鼓勵的心態。

我展開職業生涯後，安迪就試著教我，要將每一場比賽，以及那場比賽裡的每一次跳水，都獨立看待。你不能專注在結果上；你只能專注在過程。即使當你在每一個競賽項目裡有六次跳水機會，而第一跳可能表現得很糟，它也應該和下一跳毫無關聯。或者即使第一跳的表現很好，它也和你的第二跳並不相關。它們都是獨立事件，而我在心態上必須要了解這點。

我也很早就了解到，我只能控制自己能控制的事，並不能控制發生在我周圍的每件事，所以我必須放下對任何外在事物的期待與壓力。舉例來說，這和我學到我不能控制別人如何想我是一樣的，我也無法控制其他人的表現。你可以帶著你會贏以及每個人都期待你贏的心情去比賽，但有時候就是無法如你所願，而是輪到其他人享受勝利的喜悅。在英國跳水錦標賽（British Championships）中，我就經常強烈地感受到這一點，身為一名奧運選手，每個人——我自己、教練團、現場觀眾、隊友——總是期待我會贏。但當我開始以這樣的方式對自己施加壓力，想贏得比賽時，我就開始想太多並且不斷地想著奪牌這件事，會想著如果自己沒有贏到一面獎牌會如何，這些想法只會增加更多壓力。正念在我每天所做的事情中扮演非常重要的角色，我現在知道自己必須把握當下，而不是去擔心已經發生或是未來才會發生的事。許多運動員都會告訴你，我們花了許多時間來訓練我們的身體與肌肉記憶，並搭配正確的飲食，但如果你無法訓練你的心理與思考方式，就永遠無法達到你的最佳表現。你可以沉溺於過去發生的壞事，或是對未來可能會出錯的事抱持執念，但我們能掌握的只有在當下這一刻所發生的事情。在男子高臺跳水比賽中，難度越高的動作，分數就越高。我已經了解到，我的內在聲音對每一次的跳水表現與正念練習都至關重要，而專注於自己的呼吸與把握當下，對我有極大的幫助。

在大型賽事裡，有好幾次我無法保持正面的心態，但沒有一次比二〇一六年的里約奧運嚴重。

參加奧運有太多有趣、刺激又充滿挑戰的事情等著你。自從我第一次問我爸什麼是奧運，他告訴我這是地球上最大規模的運動賽事，並給我看五環標誌後，我就盯著金牌目不轉睛。它點燃了我內心深處的熱情，讓我看見任何事都是可能的，如果人們夠努力，他們就能在自己的運動項目裡和世界最厲害的人一較高下。這是每四年一次的機會，可以在精神上與身體上推動你自己去成就千載難逢的超水準表現，為了成為最優秀的運動員，我立定決心要贏。當我才八歲時，畫了一幅畫，畫中我倒立著，穿著印有英國國旗的短褲，旁邊寫著「二〇一二倫敦奧運」，並搭配五環標誌。

所以，他們跟我說我要代表英國出賽自己主辦的奧運的那一天，真是太不可思議了，我也很幸運地能有四次的機會被選上代表國家出賽。

通常會有奧運資格預賽與各種選拔賽來決定誰能代表英國隊登上跳水的世界舞臺。奧運資格預賽的優勝者會自動晉級，第二名則是由英國跳水隊國家績效總監艾烈希斟酌決定。他也會決定雙人跳水團隊成員，而團隊成員不會一直都是同一批人。彼得和我都是單人跳水選手，但我們在二〇一二年搭檔一起參加雙人跳水競賽；和我在里約奧運搭檔的丹尼爾．古德斐勒則只參加雙人跳水賽事。

提到奧運資格選拔，要和你每天在泳池中相見並一起訓練的人競爭，一直都很困難。我在二〇一六年與喬琪亞．沃德（Georgia Ward）一起訓練，她也是預期會參加里約奧運的選手。她在世界盃錦標賽進到前八強，也是歐洲盃錦標賽的銅牌得主，而且在二〇一五年的世界跳水系列賽有很傑出的表現。托妮雅．考奇（Tonia Couch）已經被預先選中，而所有人都預期喬琪亞會拿到多出來的一席。但來到選拔賽時，喬琪亞以些微的差距敗給莎拉．巴羅（Sarah Barrow）。莎拉是和我在普利茅斯一起訓練的選手，那天，她在壓力下的表現超越了喬琪亞，拿到了席次。當你的隊友如此努力，看著他們失望又難過是非常難受的。當你看到一個人全心全意地投入某件事，結果卻不如所願，那是令人心碎的。這對每個人來說都是心理上的艱難，你能做的只有在當下善待他人，並試著說一些安慰的話。

身為運動員，我們努力避免和他人比較，但有時我們就是會直接和他們競爭；畢竟，跳水不是團體運動，即使是雙人跳水團隊也是以個人跳水表現為基礎而組成的。當我參加全國錦標賽時，我是在和我的朋友們競爭，所以會發現自己身在一個奇怪的處境。二〇一一年，我在父親葬禮後的隔天，參加了全國錦標賽。我已經很久沒有贏過那場賽事了，而在那天，彼得打敗了我，我拿到第二名。他不能讓同情心或其他任何因素阻止他拿金牌。我們之間的競爭是健康的，也讓我們兩個都想要表現得更好。他是世界上最優秀的跳水選手之一，能挑戰另一名頂尖好手是非常令人興奮的。

在倫敦、普利茅斯、雪菲爾（Sheffield）、里茲與愛丁堡都有大型跳水中心，而且一直都有跳水選手晉級。我們會在比賽中遇到，也會一起造訪各地參加訓練營和比賽。我們會在場邊及賽後盡其所能地大聲為彼此加油。儘管有這樣的同袍情誼，比賽本身其實是相當孤單的，因為只有你自己和教練竭盡所能地想贏得最好的分數。

在比賽與友誼之間取得平衡是很困難的，但我們都了解，最終我們都是為了成為我們的運動中最優秀的那個人而競爭。每個人都一直非常尊重其他人的感受，而且我們在彼此經歷高低潮時都會給予最大的支持。我認為許多人都能對比賽結果不如意時的失望感同身受，但其他運動員更能懂得運動會帶給你的那種獨一無二的壓力與挑戰。

獲選加入奧運英國隊（Team GB）後，你會等著聽到關於「裝備日」的消息，那天我們可以挑選我們需要的所有不同裝備。會先從正式服裝開始，幫你丈量尺寸，做一套官方正式的英國隊西裝，接著是開幕式及閉幕式的服裝，然後運動員得到不同區域領取所有不同配備與各自運動的出賽服裝。實際上，現場為各種運動準備了數千種不同但整齊分類的比賽裝備。與其他某些運動員相較，我的配備相當精簡，有泳褲、一條毛巾，以及一雙淋浴用拖鞋。二〇〇八年時，男生的最小尺寸對我來說還是太大，於是我的隊友托妮雅的母親幫忙修改，讓每一件都變合身了。有一件完美合身的泳褲實在很重要，因為過多布料會讓你在水裡的速度變慢，或是很不舒服。在二〇〇八年有了泳褲不合身的經驗後，我和服裝設計師史黛拉·麥卡尼（Stella McCartney）合作了二〇一二年倫敦奧運的版本，泳褲完全合身。她說這是她有史以來用過的最少布料，但也沒有任何一名跳水選手希望自己在空中跳水時，身體有任何部位露出！

在里約奧運的備戰期間，史黛拉和部分運動員一起在伯明罕市的國家展覽中心發表運動員的奧運服裝配備，這真的讓人更清楚地意識到比賽有多近了。身為代表隊成員並能代表國家出賽的感覺十分不可思議。發表會更是將興奮的情緒一路堆疊到比賽當天。

里約奧運前的訓練非常密集。當丹尼爾和我剛開始一起跳水時，我從沒想過我們會拿到奧運男子雙人跳水的參賽資格，因為我們一起跳水的時間沒有很長。而我們兩人被安排組隊，並以極小的機率在前一年取得參賽資格。我們在世界盃錦標賽拿下銅牌，並在之後參加的每場賽事中持續奪牌。我在世界跳水系列賽中的個人賽事也進行得非常順利，二〇一六年五月，我以總分五七〇・五〇的成績，打敗二〇一四年的俄羅斯冠軍維克托・米尼巴耶夫（Viktor Minibaev），在倫敦的鄉親父老面前贏得歐洲跳水錦標賽。我覺得自己在體能及情緒上都已經準備好要去里約挑戰中國隊，拿下獎牌。

身為一名二十二歲、第三次參賽奧運的運動員，來自各方的期待是極高的。我曾在北京奧運吸取參賽經驗，在倫敦奧運以微小的機率贏得獎牌，而里約奧運應該是我的巔峰，因為我的年齡、狀態及執行方式都是最成熟的。這是我贏得金牌的機會。我認為自己已經準備好了。我告訴媒體，只有拿到金牌我才會對自己感到滿意。我已經蓄勢待發要贏得賽事，然後就從跳水界退休。我很清楚自己在這項運動所剩時間不多，而且想要開心地享受跳水之外的人生。我認為那個時間點是里約奧運。我閃耀光芒然後優雅退休的時候到了。

在賽事的備戰期間，沒有任何一件事是靠運氣的。我們的身體狀態被縝密分析。我的狀態非常好，也感覺很不錯。我們做了一些血液檢驗並從各種不同層面檢視，像是鐵、維生素D與氧合作用。有一些證據顯示我們被過度訓練，但我想多下一點功夫，珍卻完全否決我的想法。我們每天都要小解在一個桶子裡以觀察我們的補水狀況。丹尼爾從他受訓的普利茅斯搬到倫敦。我們一起住了六週，因為一起追完《冰與火之歌：權力遊戲》（*Games of Thrones*）影集以及每天一起受訓而建立了好交情。對丹尼爾來說，搬離家裡是非常大的犧牲，但能夠一起訓練，而不是每個月只見到彼此一次，讓我們的表現有非常大的差別。我這幾年和不同的跳水搭檔有不同的合作關係，丹尼爾是一個如此慵懶而且在家非常放鬆的人，但我們一起跳水時，他是非常專業的。

就許多方面來說，身處二〇一六年里約奧運的選手村，壓力比在倫敦奧運的選手村要小，因為我完全被隔離。我們周圍只有少數媒體，因此對外面所發生的事一無所知。整個步調感覺較為平靜。所有運動員都暫住在像大學宿舍一樣的大樓裡，而每個參賽國都自己獨立一棟大樓。宿舍環境實際上是非常精簡且基本。每個人都認為這是一場大型派對，但對我來說不是，因為我的最後一場賽事是整個比賽最後兩場賽事的其中之一；當所有人都在準備收尾時，我知道自己必須保持專注。在里約奧運的選手村裡，跳水隊有自己獨立的公寓，我們和其他運動員共用房間——我和丹尼爾共用一個房間——我們全力以赴，為了準備比賽而努力訓練。在賽前備戰期間，我們會有一些時間是直接在泳池訓練，好讓我們習慣當地的不同天氣狀況。

就像我之前曾經待過的北京與倫敦奧運選手村一樣，里約奧運選手村也有提供讓選手放鬆的空間，像是遊戲間與電影放映室，還有你預期在任何選手村都能看到的各種商店，像是髮廊，以及我能寫信並寄明信片給家裡親友的郵局。還有一座大約有三個足球場大的巨大美食廣場，你能在那裡吃到任何你想吃的美食，而且是二十四小時營業。在整個選手村各處也散落著一些較小型的用餐區。還有醫療中心，以及一處讓英國運動員可以做物理治療的地方。看到來自其他運動領域的運動員，為他們各自的賽事做好準備，一直都是很棒的一件事。這之中存在著一種美好的同袍情誼。我們騎著英國隊專屬的布朗普頓（Brompton）折疊自行車在選手村內移動，真的非常好玩。

蘭斯、我媽、我兩個弟弟、道格外公及珍妮外婆都飛來看我比賽。家人朋友禁止進入選手村，我只能在英國隊的會客處和他們見面，大約是一趟公車路程的距離，但我盡可能經常過去和他們見面與聊天。知道他們就在附近而且會在看臺觀賽的感覺很好。

奧運開幕典禮壯觀的舞臺效果、燈光及舞蹈，一直都是例行儀式。我非常喜歡為了這種場合盛裝打扮——這讓整個活動感覺如此真實。這一次，我們一起在外面的英國隊區，坐在有英國國旗標誌的躺椅上觀看整場開幕式。我們的第一場跳水比賽就在幾天後，所以決定不參加遊行。我之前曾經和團隊一起遊行，總是要花上好幾個小時站著等待，所以遊行本身就很累人。網球好手安迪．莫瑞（Andy Murray）是英國隊的掌旗手，我們看到他帶領著我們的運動員繞行體育館時，歡呼得特別大聲。

我的第一個比賽項目是雙人跳水，它在二〇〇〇年首次被列入競賽項目，然後就持續到現在。在這場賽事中，我們得同時做出完全一樣的跳水動作。雙人跳水的目標是兩個人要各自執行一個完美的跳水動作，但保持兩人之間的一致與同步性。就像在個人賽事中，我們要執行六個難度不一的跳水動作，而得分取決於我們的執行表現，以及我們彼此之間的同步程度。

在雙人跳水競賽中，九位評審會為跳水動作打分數。在最好的雙人跳水動作中，我們高度完全相同，一樣垂直入水，在完全精準正確的時刻，輕輕一甩手腕即破水而入。四名評審會以我們各自的跳水動作評分，另外五名則是看跳水動作中的同步元素，包括高度、距離、旋轉速度及時間掌握。前面兩個跳水動作是指定動作，難度限制在二．○，主要是表現控制力與同步性；後面四個跳水動作則沒有限定難度，你可以盡可能做難度最高的動作，只要你有涵蓋動作清單裡的五個類型。我們把臂立跳水動作從清單上拿掉，因為它是最難執行同步跳水的動作。

參加雙人跳水競賽，我們知道自己有機會奪牌，因為我們非常努力，但這個項目的競爭十分激烈。幾個月前的歐洲錦標賽，我們在最後一回合以不到一分的差距和冠軍失之交臂，最後由德國雙人組派崔克．豪斯丁（Patrick Hausding）與薩沙．克雷恩（Sascha Klein）拿到金牌，我們得到銀牌。我們不想讓這個結果重演；我告訴丹尼爾，我們會在奧運討回來！

我和彼得在二○一二年倫敦奧運的雙人跳水競賽差強人意地拿到第四名後，我就非常想在雙人跳水項目奪牌。我發現自己總是在比賽日開始時特別緊張，但只要我做完暖身跳水後，就比較進入狀態，感覺也會比較好。比賽泳池是在室外，因為泳池的水變成綠色而有一些騷動與猜疑，但醫生告訴我們，跳入水中是安全無虞的。就某方面來說，這個泳池是有助益的，因為我們可以注意到藍色的天空，還有對照的綠色池水。就在我們還沒意會過來時，觀眾已經開始陸續抵達，我在人群中看到我的家人。

任何比賽所堆疊出的氣氛，以及來自觀眾的加油聲，永遠都有興奮與刺激感。我喜歡雙人跳水，因為它能讓你和另一個人合作，而且不論你跳得好不好，都會有另一個人和你一起承擔。當叫到我們的名字時，我們向現場觀眾揮手致意。

我們的出場順序是八號，這個號碼是隨機生成的，所以我們是最後一組選手，而且是排在中國隊後面出場。這或許是壓力最大的出場順序了，因為每完成一跳，都可以立刻看見我們在積分榜上的位置。在室外跳水和在室內跳水是截然不同的經驗，而且天氣會影響跳水表現。我非常擔心天氣，但也覺得我們已做好萬全準備。我們曾在風中、雨中、黑暗中訓練，有時是三者都有。我們決定就是出場比賽，拿出自己的最佳表現，試著享受比賽，以及當下那一刻。

我們的第一個跳水動作是向內一圈半空翻屈體，這讓我們與另一隊並列第三名。之後的兩個跳水動作讓我們維持在第三名的位置，分別是反向一圈半空翻加半圈轉體，以及向內三圈半空翻。第四輪的反向三圈半空翻，出了一點差錯，讓我們掉到第五名，但我們在第五輪以向前四圈半空翻回到第三名。我們最後一跳的動作是向後三圈半空翻屈體，我們在這個動作上總是會有大好或大壞的表現。我記得當我們站在跳臺上時，丹尼爾的表情就像是一隻在車頭燈下動都不敢動的兔子。我的感覺完全一樣。那股壓力非常大——這不是任何一般賽事，要贏的壓力是以百萬倍計算。

我記得自己站在跳臺後端，告訴丹尼爾：「去他媽的！我們一定要全力以赴。不是成功就是失敗。」

我們讓自己保持冷靜。著陸後，我們不確定這個動作是否能成功贏得銅牌，但經過一兩秒後——雖然感覺痛苦的時間更長——我們的排名突然出現在計分板上。我們做到了！我們贏得銅牌。我們太開心了，在泳池邊跳向對方，之後跌進泳池裡完成我們比賽的第七跳。內心有著無法言語的激動與興奮。整個跳水隊都跑過來擁抱我們。

美國雙人組大衛．布迪亞（David Boudia）與史提爾．強森（Steele Johnson）得到銀牌，中國雙人組林躍與陳艾森則贏得金牌。能和丹尼爾一起站在頒獎臺上的感覺非常特別。我腦海中一一閃過在倫敦說過要贏一面獎牌的所有想法——我必須大聲告訴他這所有的一切，因為他自己也正在經歷中。我無法直接和我的隊友說，因為我不想被認為在自誇，但在那一刻，丹尼爾和我能夠分享彼此的喜悅並談論那美好的一天裡的一切。所有那些內在的想法都在興奮又開心的喋喋不休中湧現出來。接著，在一段長時間的媒體聯訪後，我們和家人一起慶祝，並和我們的新獎牌拍了許多照片。

二〇〇八年與二〇一二年，在十公尺高臺雙人跳水與個人競賽項目中間的空檔，我們搬離奧運選手村到一個不同的泳池訓練。例如在倫敦時，我會在兩個比賽中間去紹森德訓練。我們稱它為「逃脫計畫」。這能讓我們的頭腦保持清醒，不會被奧運光環的高低起伏與其相應的戲劇性反應沖昏頭。但在里約奧運期間沒有這樣的逃脫計畫，因為在適當的距離內沒有足夠的泳池可練習，所以我就待在選手村觀看所有的跳水賽事，沒有繼續在泳池訓練。

在我的雙人跳水賽事後幾天，傑克．勞爾與克里斯．米爾斯（Chris Mears）創造了歷史，拿到英國有史以來第一個奧運跳水冠軍，贏得男子三公尺跳板雙人跳水金牌。看著他們拿到那面金牌，我非常替他們高興。他們已經達成我的終極夢想與人生目標：成為奧運冠軍。那是不可思議的一刻，整個跳水隊都陷入瘋狂。我們把國歌唱得超大聲。我覺得自己從未如此開心，但同時又超級希望自己的個人賽事也有一樣的結果。他們已經向我證明這是做得到的。我覺得自己也該這麼做。之後，傑克繼續在男子個人三公尺跳板決賽中得到奧運銀牌。他在預賽或準決賽的成績都沒有很出色，但那天晚上，他還是出場比賽了。我有一個奇特的感覺，覺得自己承受更大的壓力要達成奪金目標。等待我的個人賽事登場，感覺似乎需要很長的時間。我超級渴望能締造出我自己的榮耀時刻。

賽前的備戰期間，每天的訓練都感覺很辛苦。泳池裡的水仍然是綠色，而且感覺很冷。我的鼻竇也開始疼痛，每次下水，我都覺得頭快爆掉了。我去看了英國隊醫，他給了我鼻噴劑和抗生素。幾天後，我開始覺得好多了，但一直要到進入水裡時，我才真正知道自己的感覺。

有一天，我提早到泳池，和美國跳水運動員格雷格．洛加尼斯（Greg Louganis）聊了我對這一切的感受，他是有史以來最偉大的國際運動員之一。他那時在為美國隊做賽評。格雷格曾經參加過四次奧運，並在一九七六年的蒙特婁奧運就以十六歲的年紀贏得一面銀牌。一九八四年的洛杉磯奧運，他分別得到三公尺跳板與十公尺高臺跳水項目的金牌，使他成為五十六年來第一位拿到雙金牌的奧運選手，十分驚人。一九八八年的首爾奧運，他在三公尺跳板預賽中，做反身兩圈半空翻的動作時，頭撞到了跳板的尾端。不到半小時後，他回到場上，並做出當天最高分的跳水動作，拿到了金牌。他之後又繼續贏得十公尺高臺的金牌，所以他保持了奧運雙金牌得主的頭銜。

我開始感受到面對接下來幾天賽事的無比壓力，他幫助我以更冷靜的視角與善待自己的態度去看待整個比賽。

「我會把所有的擔心與想法都倒給我的幸運小熊。」他對我說。這讓我想起小時候每場比賽都會隨身帶著的幸運猴。

「只要全神貫注，享受這個體驗，樂在其中並用盡全力。這就是你所能做的。」他建議我。「把比賽當成是你和珍一起訓練的任何一天。在那一刻，沒有任何人是重要的。你只需要拿出自己的最佳表現。」

預賽期間，我找到了自己的流暢性，我的表現幾乎是無懈可擊。在三次跳水後，我的成績排在前三名；我非常開心，並且找到了比賽的樂趣。我的向前四圈半抱膝空翻與反身三圈半抱膝空翻，分別在計分板上顯示九．五分與十分。我知道自己需要做出扎實的最後一跳，也就是我的向後三圈半空翻屈體，而我得到了九分與九．五分。我做到了！最後我以總分五七一．八五完賽，領先和我旗鼓相當的競爭者邱波七分，他是二〇一二年奧運銀牌得主。我的雙臂與雙腿都活動得很好，現場氣氛也極好。

回家的路上，每個人都要跟我合照——在任何一場跳水比賽中打敗中國隊，感覺就像贏得奧運獎牌一樣。

我已經做好準備，打算大展身手。回到我們的公寓，我做了冰浴並正確飲食。我很早就上床睡覺，並且睡得比我預期的還要好。感覺一切都進行得非常順利。我一如往常，以喝檸檬水及做正念冥想來展開我的一天。我算出，直到那一刻，我已經完成一百九十七堂健身課與總計三十二小時的冥想，我希望這會帶來不同的結果。

那是比賽的最後一天，所以泳池邊做了一些調整。通常珍和我在賽事開始前會去泳池訓練及暖身，而且泳池裡只會有我們兩個人。但那天有來自不同隊伍的肌力與體能訓練專家及經理聚集在泳池邊一起和珍看著我訓練。我自己覺得一切都很順利，而且非常有信心能在十八名跳水選手中入選前十二名，一路進到那天傍晚舉行的決賽。

我也是排行榜上的第一名，所以我會是最後一位跳水。身為最後跳水的選手，而且是在中國跳水選手之後，還是比起第一個跳水來得好，雖然這會增加許多壓力，因為你會完全知道需要做什麼，以及需要拿多少分數，才能擊敗對手晉級。

我的第一跳是向內三圈半抱膝空翻，分數落在邊緣。當我結束回到陸地區並戴上耳機時，發現我無法播放音樂——我的手機出現一則訊息，說我的帳戶被凍結，因為我已經一個月不在英國。讓自己完全與外界隔離並聽音樂，是我例行公事中非常重要的部分，能讓我集中注意力並在跳水間隔中放鬆。突然間，我就沉默地坐在那裡，覺得很難不去注意其他人正在做什麼。我並沒有備用手機或其他音樂帳號。

就這樣，我的第二跳出錯了，我專屬的「煙花」只拿了四七．二五分，將我刷出排行榜外。一般在比賽中，珍會坐在泳池邊觀看。通常在我前面大約還有十名跳水選手時，我會去找她，她會給我一些小祕訣，或是提點我要注意什麼。例如：我的向內三圈半空翻，她會告訴我要保持在高位，挺胸做一個大跳躍，入水時張開雙臂，穩穩地入水，並且要潛得夠深。她只會提出幾件事情讓我好好思考，和我碰拳後就讓我去比賽。之後我就去執行我的跳水動作，並在完成後和她做大致上的確認，接著跟她說下回合見。

在準決賽中，因為參賽選手太多，每一跳之間的空檔大約是半小時。珍過來我坐著的陸地區，開始踱來踱去。「你還好嗎？有什麼問題嗎？你怎麼了？」她不斷地問我，同時敲著陸地。我發現，沒有音樂，我就無法轉移注意力。

我知道如果接下來的四跳都能拿高分，我還是有機會，但我的第三跳——臂立動作——得到了我很長一段時間以來的最低分。我發現這點比起其他事情更讓人沮喪，因為這個動作一直都非常一致且穩定；這是我從未出錯的動作。我在節節敗退，我也清楚自己需要做些特別處理，但我覺得自己好像掉入了惡性循環，而我無法讓它停止。

我已經無路可退。我試著專注於下一次跳水，並繼續挺進下一次堅強而有鬥志的跳水。

那一天真的有點不尋常。我試著堅持我的例行步調，但不論我做什麼或嘗試去做什麼，我只覺得自己離這場比賽越來越遠。我知道自己需要做些特別的事。我也能看出自己不是唯一碰到瓶頸的選手。中國跳水選手陳艾森在場上的表現堪稱完美，但他的隊友邱波在比賽中途也掉出資格名單外，儘管他在第四跳追回了一點分數。二〇一二年金牌得主大衛・布迪亞（David Boudia）以第十三名的成績進入最後一輪，但他最後上升到第十名。

我的第五跳稍微替我拉回一些分數，但為時已晚。不論我如何努力逼迫自己去做該做的事，我的身體與心靈無法連結起來。我的最後一跳需要落在九分與十分，並且總分需要超過一百分，才有機會繼續比賽。我的入水稍微短了點，得到五〇・四〇的分數。我最後的總分是四〇三・二五分——比預賽成績少了一六八・八〇分。

這是我很長一段時間以來的最低分。就在幾秒鐘的跳水時間裡，我真的是從排行榜上的頂端跌到底部。

這是我整個跳水生涯中最心碎的時刻。我感到筋疲力竭、空虛又震驚。我幾乎無法理解，自己幾小時前的表現還那麼好，那天的表現卻糟透了。我在訓練時可能會做大概一百次的跳水，而或許那一百次跳水的其中一次，會像我那天的六次跳水中的每一次一樣糟。很容易就能想像那天會有什麼結果，以及會發生什麼事。

心情的大起大落與心碎的程度是你所能想像的最糟糕的感覺；我的胸口悶得厲害，就像我的心上被重擊出一個洞。我一輩子都在為那一刻做準備，而我卻搞砸了。這真的是難以理解，我在父親過世時也有過一樣不可置信的感覺。回到陸地區，我無法停止哭泣與顫抖。我知道自己必須走過媒體與攝影師聚集的地方，會有一堆麥克風被推到我面前。我無法直視記者，也無法在說話時不哭泣。

我知道自己必須繼續前進，所以我對媒體說我會以東京奧運為目標繼續努力。那種狂熱的感覺又回來了，想要越做越好的渴望幾乎是立即的，但我感到心煩意亂。經過這幾年，我變得比較成熟，我知道我必須給自己機會。等待四年再做一次的感覺非常漫長，但我知道自己必須去試。

我也知道這對珍來說非常痛苦，她備感煎熬。後來她告訴我，她在比賽期間過來陸地區時，曾想過要甩我一巴掌，試圖把我從自己的洞裡拉出來。我不確定這是否會有幫助，但我能理解她的挫折。我完全能感受到她的沮喪。

在這之後，我們試著分析到底哪裡出了差錯。珍想知道原因，好讓我們能嘗試修正錯誤；這樣同樣的事不會再次上演。這其中可能有無數的原因；也許是我訓練過度，筋疲力竭，失去持久力來維持我曾展現的跳水水準；也許是我的音樂停播造成例行步調的改變，讓我亂了方寸；也許，也許，也許，但老實說，也許當天只是還沒輪到我奪冠的時候。珍一直試圖找出一個原因，才能將結果歸咎於它，但有時就是沒有明確的原因，你必須繼續向前看。無論我們如何審視或剖析這個結果，我知道我必須善待自己，別再執著於哪裡出錯，而是期待下一場比賽。責備是於事無補的。我已經試著在那場比賽盡了全力，而那天我就是跳得不夠好。我必須接受這樣的結果。許多參加奧運的運動員都期待能贏，但失敗了。我並不孤單。

我媽多年來一直坐在世界各地的泳池邊又硬又溼的塑膠椅上看我比賽，告訴我她覺得我做得很棒，而且非常以我為榮。蘭斯對我說，這感覺一定很糟，確實如此；這讓人感覺非常非常糟。比賽結束後，我們坐在戶外晒太陽，我為自己點了超大分量的雞塊與薯條。蘭斯告訴我，或許現在還不是我拿獎牌的時候，也許未來我們的孩子注定會在泳池邊看我贏得奧運金牌。也許我的故事不應該在這裡就畫下句點。我們訂婚了，而且正在構思我們的婚禮與家庭，我知道自己對未來還有許多期待。這幫助我看到更大的願景，並讓我思考要往前邁進。在那之前，一切都聚焦在里約奧運。現在，我必須放眼未來。每個人說的話都很有道理，但我還是很傷心。

我當然還是在泳池邊看完了整場決賽。我太熱愛跳水，無法不看比賽，但我當時已經完全麻木了。陳艾森以總分五八五．三〇贏得金牌。如果我能拿到和預賽時一樣的分數，就能輕鬆地拿到銀牌。但當然，你必須待在比賽中才能取得勝利，而我是篤定出局了。當我開始消化發生過的事情時，那種沉重與空虛的感覺就像黏稠的柏油一樣，緊黏著我。就彷彿我必須提醒自己呼吸似的。

閉幕典禮那天風雨很大，我們每個人都拿到一件斗篷雨衣去遊行。我們和所有其他國家一起走進去，腳上是會閃著紅、白、藍三種顏色燈光的鞋子，我們必須提前充好電。現場放著巴西音樂，群眾都陷入瘋狂。儘管場面壯觀，我只想趕快回家。在這之後我需要休息一陣子，讓自己暫時忘記跳水幾個月時間。當我們在機場被航空公司工作人員拍手歡迎登機後，我終於鬆了一口氣。一切終於結束了。

拉著我的行李箱穿過家門時，我的幾位朋友過來迎接我。他們買了許多十八歲的生日氣球，並把它們掛在屋子的各個角落，因為我在個人競賽項目拿到第十八名。這像是一場第十八名的慶祝派對。這正是我需要的，讓我能對這個結果開懷大笑。他們讓我知道，無論我最後拿到第幾名，他們都一樣愛我。有些人可能會因此覺得被冒犯，但這讓我笑得很開心。他們總是能以非常有趣的方式來表達這樣的善意，想要慶祝這個結果的另一面——我是世界上排名第十八的跳水選手！爸爸會非常喜歡這個想法。我還記得他坐在廂型車裡告訴我：「如果你是最後一名，你就會是全國第十八名。你知道這有多棒嗎？」

我們還慶祝了我在雙人跳水拿到銅牌，並專注於事情的陽光面；我知道爸爸還在世的話也會這麼做。

我在里約奧運的前兩年就開始滴酒不沾，因為我想把每件事都做好。為了表示與我同心和對我的支持，蘭斯也跟著一起不喝酒。那天是個完美的晴天，我們在屋頂露臺上喝著普羅賽克氣泡酒、吃著草莓，看著太陽慢慢消失在地平線。我有了機會紓壓，並聊聊所有順利與不順利的事情。我最親近的家人朋友都在我身邊，並且完全理解我。他們一直扮演著非常重要的角色，讓我在多年的跳水生涯裡始終保有安定與踏實的感覺，不論我的運動表現如何，我們的關係都不會有所改變。我們也聊了未來：婚禮、我和蘭斯的求子歷程、旅遊計畫，以及日常瑣事。還有這些朋友的生活、工作與感情關係。我知道在這之後，生活還是會繼續下去，而未來是明亮有希望的；我必須善待自己，退一步思考，並抱持期待。

我非常想要離開並好好休息。在英國待了十天之後，我飛到洛杉磯，蘭斯正在那裡盡力要完成他編寫與創作的迷你影集《當我們崛起時》（*When We Rise*）。他以為我過幾天才會抵達，透過一些祕密的安排，我出現在製作公司給他一個驚喜。我在那裡休息了幾個月，做一些平常的活動。我們會出門吃晚餐、辦烤肉聚會，而且我持續健身。那是一段很棒的沉澱時光，讓自己有完全停工休息的時間。這次我沒有所謂的後奧運憂鬱症候群。我認為這純粹是因為自己調適得很好。這一次，我只需要給自己一點時間，對自己好一點，在我回去之前會比以前更強壯。

我慢慢地回到跳水正軌上。我知道自己必須更努力，才能做到更好，而且我一整年都盡其所能地努力訓練。當我參加二〇一七年的世界跳水錦標賽時，沒有任何事能阻止我拿出自己的最佳表現。我開始接受陸地訓練課程。珍因為折斷了跟腱而無法陪我訓練，但幸運的是，我的前任教練李鵬可以從里茲搬來倫敦，陪我訓練了幾個月。他的風格截然不同，我們的訓練感覺很放鬆。奧運後的那一年向來比較輕鬆，也沒那麼忙亂，而且我那年不需要以成績證明什麼。整個訓練強度沒有那麼激烈；我不需要一直逼迫自己反覆做一樣的跳水動作。接受其他人的訓練方式帶來不同的觀點，對我有很大的幫助，也讓我決心不再摧殘自己的身體。

我試著以正面與溫和的方式和自己對話；我沒有對自己說「不要做這個」或「不要做那個」，而是不斷提醒自己專注於過程。跳起來，擺動雙臂，迅速做出跳水動作。我見過並了解負面的自我對話會有多大的殺傷力，有時候，接受不如預期的結果並非就是對你的生命或職業生涯做了論斷，而是讓自己往前的最佳方式。你必須善待自己，即使是在最低潮的時候，還是要找出好的地方，並帶著它們前進，而不是苛責自己。對過去做負面思考只會徒增痛苦的回憶，卻無法做出任何改變。我非常專注於從我的訓練課程中找出正面性，無論那多麼微小。

我極度專注於訓練和讓自己保持健康這兩件事情上，任何能對我有明顯幫助的微小改變，像是足夠的睡眠、適當的飲食、做冰浴、讓自己更細心，以及其他那些百分之一的可能性，我都會去做。

參加二〇一七年在布達佩斯舉行的世界游泳錦標賽是一件大事。參賽選手是二〇一六年與我在奧運競爭的同一批國際選手，而在里約奧運慘遭滑鐵盧後，我覺得有必要證明自己的能力。話雖如此，和里約奧運不同的是，這次我完全沒有什麼可損失的。

在十公尺雙人跳水這個競賽項目中，我和丹尼爾都很滿意我們在預賽時穩定一致的跳水動作，但決賽時的一次失誤就讓我們無緣奪牌。格蕾絲·里德和我也一起組隊參加男女混合三公尺跳板跳水競賽，我們拿下了銀牌。我們兩個都有一點抱怨比賽當週沒有辦法合體訓練，所以都對這樣的結果感到開心。

在十公尺個人賽事中，最被看好的冠軍人選是奧運金牌得主陳艾森。我想像觀看決賽時應該是非常扣人心弦，因為我們兩人旗鼓相當，每一跳都能在計分板上出現高分。看著他一次又一次展現完美的跳水，我只是想著：「看著好了！你做到了，但我會做得更好！」

我覺得自己的好勝動力急速上升，並擴展到一個全新的境界——就好像是一匹戴上眼罩的賽馬，蓄勢待發。陳艾森完成他的最後一跳之後，無可挑剔的轉體動作讓計分板上出現了好幾個十分，中國隊欣喜若狂，好像他們已經在慶祝奪冠，從椅子上跳起來，揮舞著他們的國旗。他們以為金牌已經確定入袋了。我那時想：「好啊！你們要這樣玩嗎？我會證明給你們看，我也做得到。」

我的最後一跳，向後三圈半空翻，實在太重要了。感覺像是我生命的一跳。

我記得自己從高臺上跳出去時，身體彷彿被某種自動駕駛功能取代，我知道這是我的時刻，也知道自己會完美達成。

入水時我覺得自己做得非常完美，而我得到滿分十分，總分為五九〇．九五，超越陳艾森的五八五．二五分，把他擠下排行榜首位。站上最高頒獎臺，終於向自己及所有人證明，我已經從奧運失敗的深淵裡爬了出來，堅強地站在另一邊奮戰。

這是我的個人最佳成績，也是能讓我贏得奧運的成績。這對我來說，感覺是個救贖。藉由把自己放在第一位，不去關注外在壓力，我做到了。我又恢復了對跳水的熱愛。

隨著時間過去，我經歷過許多好與不好的時刻，但最終，每天都是新的一天。然後我就知道，如果自己能轉念並竭盡全力，每天就能學到更多，也就沒有人可以對我要求更多了。我們都不是完美的，我們都會痛苦並犯錯。有時候，我度過非常不順的一天，我會想，如果朋友犯了同樣的錯，我會對他們說些什麼；我已經到了不想讓任何錯誤演變成更嚴重的事情的地步。你不能浪費力氣去想過去發生過的事。對我來說，我就是很不走運地在里約奧運期間有過特別糟糕的一天。我在訓練期間，那種爛透了的日子多到數不清，但也有很多很多棒透了的日子。慶祝進展順利是很重要的。對我來說，那是在里約奧運和丹尼爾一起拿下雙人跳水銅牌。我提醒自己，不論我對個人賽事的結果感到多麼難過，在那場比賽裡，我仍然是贏得獎牌的選手。我一直都盡可能地活在當下，並只思考此時此刻。

善待自己延伸到泳池外。我學會要在許多方面善待我自己和我的身體。我需要確保自己有足夠的睡眠、定期冥想、花時間和家人朋友相處、偶爾遠離社群媒體、花時間做自己喜歡的事。這些都是我的快樂不可或缺的一部分，並且成就了我在運動上的成功。我每天都會寫下當日要達成的三件事情；可能是一件大事例如一次極好的跳水表現，也可能是記得買牛奶或是繳帳單。這和想要達成更多目標無關——這是要照顧好你自己。這反而會讓你變得更有韌性也更快樂。這也是關於往前看且絕不回頭的態度。就像小時候爸爸經常對我說的：「有些日子是美好的，有些日子沒那麼順利。這都無所謂。別想太多。」

Perspective
觀點

遇見蘭斯讓我的世界天翻地覆！我一直都知道，幾乎就在我們相遇的那一刻，我就想要永遠和他在一起。他的每一個部分；他的思考方式、行為表現，他這個人本身，讓我每天都更加愛他。在我們步入禮堂前，覺得不結婚就是在浪費時間。我們一遇見彼此，我的想法就開始轉變，覺得只要成為伴侶關係的一部分，不論何時何處，都會有人一直在背後支持我。我能感到被愛與安全感。

我們在二〇一五年訂婚。我買了戒指並把它藏起來，一直在等待最棒的時機問最關鍵的問題——但結果是，他也做了一樣的事。最後只是看誰先求婚。我們在舊金山度假，晚餐後在朵樂絲公園（Dolores Park），我正準備跟蘭斯求婚。我會選這個地點是因為蘭斯跟我說過，這是他「在地球上最喜愛的地方」。我們周圍有許多正在建造的工程，讓我有點遲疑，但公園看起來仍然美麗如畫；這是屬於我的一刻。正當我準備拿出戒指並單膝跪下時，蘭斯突然開口：「這個公園曾經多麼美麗，現在這些圍籬把它變得好醜。」那一刻就這麼過去了。

過了一兩天，我們去了另一個叫做「蘭茲恩德」（Lands End）的知名公園。我正準備再來一次。那是另一個天氣晴朗的日子，我們可以看到對面的金門大橋與遠處的海岸線。我在掏口袋裡的戒指時，我們的一位朋友拿著相機準備捕捉這一刻，一大群小學生邊聊邊笑地經過，我又再次失去求婚的勇氣。

回到我們倫敦的家以後，有個週日我們去聖詹姆斯公園（St. James's Park）野餐。蘭斯顯然計畫了一個完整的求婚演說，並為求婚日下了功夫；他也準備好了。那天公園人很多，因為是倫敦難得晴朗的日子，很多家人朋友都一起出門玩。他等到人群暫時安靜下來，正準備要開始他的求婚演說時，我注意到隔壁野餐墊上面的東西。

「這是Nerf玩具槍嗎？哇！好酷喔！」我顯然沒有意會到發生了什麼事。

那天晚上我們去吃晚餐，但人多到幾乎得坐在別人大腿上，完全沒有隱私可言。我提議去倫敦塔橋吃冰淇淋；就在他站起來時，我注意到他的口袋裡有一個小盒子，我無法百分之百確定那是只戒指，但我內心竊喜，想著是誰會先向對方求婚。當我們到達倫敦塔橋時，那裡到處都是媒體，因為出現血月，他們都想拍出壯麗的照片。最後，我決定在我們家的房間裡，穿著準備上床睡覺的內衣向蘭斯求婚。他剛梳洗完畢從浴室出來，我對他單膝下跪。

「等等！」他說。

「你是什麼意思，等等？」

他飛奔去拿戒指，並對我說了他準備好的求婚演說。

可以這麼說，我們都非常想要有正式的婚姻關係。我們不知道如何適當地公開這件事，最後在《泰晤士報》（*The Times*）公告婚訊。

這則婚訊刊登在出生、結婚與死亡啟事的公告版面，上面寫著：「湯姆和蘭斯要結婚了。湯姆是來自普利茅斯的羅伯特．戴利與黛博拉．戴利的兒子，蘭斯是來自費城的傑夫．畢許（Jeff Bisch）與來自普羅維登斯湖（Lake Providence）的安．畢許的兒子。」

我們計畫在里約奧運結束後舉行婚禮；比賽一結束，我們就開始全力籌備。我們在世界各地都有朋友和家人，所以婚禮地點很難決定。我們看了很多位於倫敦的場地，但真的很難找到夠大或是有隱密性的地方。最後，我媽建議我們去看看博維城堡（Bovey Castle），它位於達特穆爾（Dartmoor）的私人土地上，距離普利茅斯不遠。這個地方非常美麗，我們一看到這座城堡，以及他們舉辦婚禮的戶外場地，立刻就知道這是我們想要共結連理的地方。我們最後租下了整個場地，足以邀請所有一百二十名賓客在這裡過週末。我們將日期訂在二〇一七年五月六日。

我非常喜歡籌備婚禮。我做了許多規畫表格並標出重點，安排賓客名單、座位表、色彩搭配，以及娛樂節目。蘭斯負責一切與商業贊助有關的事務，和許多相關人士交涉。我們都很滿意這樣的分工。我想要英國國旗主題——藍、白、紅三個顏色；最終，我們決定以酒紅色、海軍藍、白色做為婚禮的主題色。我年輕的時候認識了巴寶莉（Burberry）的設計師克里斯多福．貝里（Christopher Bailey）。他也因為腦癌而失去摯愛——他的伴侶，這個共同經驗讓我們建立起連繫。他幫我和蘭斯做了非常特別的西裝，將我們的名字印在西裝內裡。我是酒紅色西裝搭配海軍藍領帶，蘭斯則是海軍藍西裝搭配酒紅色領帶。

婚禮的前一天，我們舉辦了婚禮派對，有一些賓客已經抵達，所以我們設計了一些餘興節目，像是槌球和鳥禽獵食秀。晚上我們辦了一個烤肉風的彩排晚宴。讓我們兩人生命中所有重要的人聚在一起的感覺非常不可思議，而且有部分家人彼此都還沒見過面，這真是很難得的機會。我的兩個弟弟負責接待，表哥山姆是我的伴郎，蘇菲則是我的伴娘；蘭斯最要好的朋友萊恩擔任伴娘的角色，他弟弟陶德則是伴郎。我的小表妹瑪麗亞和布魯克是花童。

我們在婚禮前一晚各自睡在不同的房間，並在當天早上交換禮物。蘭斯為我訂製了一些袖扣，以及一個英國國旗行李袋。行李袋的提手上綁著一張禮物吊牌，上面寫著：「萬一想打退堂鼓，就拆開吧！」當然我絕對不會臨陣脫逃，但我非常好奇裡面是什麼；拆開後，裡面有一瓶伏特加和一瓶健怡可樂幫助我舒緩緊張感。我則是為他準備一條特別訂製的項鍊，裡面放了一張我們彼此的象徵動物的照片——一隻猴子和一隻青蛙——並刻上我們的結婚日期。

婚禮當天早上，我們必須決定儀式是要在室內還是戶外舉行。天空灰濛濛的，但我們仍決定按照原定計畫，如果真的下雨，我們就在雨中舉行婚禮。我媽堅持要提早開喝——早餐來一杯香檳的想法似乎很瘋狂，但我還是這麼做了。就在我們要去婚禮之前，媽媽、山姆、蘇菲和我都喝了一杯伏特加。

我和瑪麗亞先走紅毯，弦樂四重奏正在演奏歌手艾麗．高登（Ellie Goulding）的歌曲〈我會愛你多久〉（How Long Will I Love You），每個人的目光都注視著我。這非常不真實又讓人緊張不安。這和比賽時站在跳臺末端的感覺非常不一樣。那道紅毯感覺好長，似乎在我前面延伸了好幾英里。你會以為我能夠應付眾人的目光，但我非常不習慣以這樣的方式成為眾人關注的焦點。我不敢相信這是我的大喜之日。我從未真正想像過會有怎樣的婚禮，而看見所有女賓客頭上的禮帽與鮮花，讓我明白這就是我的婚禮：我正在結婚。我試著消化這一切。

走到紅毯盡頭時，我鬆了一口氣，覺得自己終於走完，沒有跌倒或是做出一些愚蠢的舉動。之後看到蘭斯和布魯克一起走紅毯時，我驚豔不已。他的頭髮如此金黃耀眼，藍色西裝將他的雙眼襯托得更加明亮。我完全不敢相信再過半小時他就會成為我的丈夫。我覺得自己好像中了樂透彩。

我完全無法控制自己的情緒，雙眼充滿淚水。我們寫下各自的結婚誓言，並念給對方聽；內容是說我們會如何珍視彼此、一起度過各種困難，並分享重大成就，在我們未來的家庭裡扮演彼此的摯友、慈愛的丈夫與盡責的父親。

當我們親吻時，蘭斯第一個想到的是「伏特加」，因為我嘴裡全是它的味道——我們現在想到這件事還會開懷大笑。當我們簽完文件後，倫敦同性戀男子合唱團（London Gay Men's Chorus）進行了一場快閃活動，在紅毯上演唱火星人布魯諾（Bruno Mars）的歌曲〈我們結婚吧〉（Marry You）。天氣始終是多雲無雨，所以我們就把雨傘都收起來了。我們珍愛的每個人都在身邊；一切是如此美好。

我們手牽手走向接待區向每個人打招呼，喝著皇家基爾雞尾酒（kir royale）並和客人聊天。然後坐下來享用我們的結婚早餐。我們根據之前約會時一起吃過的餐點，選出最喜歡的菜色來設計菜單。開胃菜是特殊雞肉或蔬食料理，主菜是香腸和薯泥、威靈頓牛排或蔬食料理，飯後甜點有起司蛋糕或太妃糖蛋糕。每個人都說了一段話。我們有一桌上面擺了無法出席的人的照片。很多人提到了我父親、蘭斯的母親與弟弟，他們都無法出現在這兒，當我們回憶那些離開我們的至親時，屋子裡的笑聲變成了淚水。整個婚禮現場充滿了對我們的愛、喜悅與支持。

整個晚上都如此令人開心。我們在現場擺了一個英國旗車（Union Jack Mini）的拍照亭，每個人都可以穿戴滑稽的假髮與服裝拍照。我想為每個人做杯子蛋糕，但最後我還是請知名 YouTuber 杯子蛋糕潔瑪（Cupcake Jemma）為我們的客人做了多層的紅、白、藍色杯子蛋糕。我們也準備了一個主要的結婚蛋糕，而顯然切完蛋糕後把蛋糕砸在臉上是美國的婚禮傳統，所以我滿臉都是黏呼呼的糖霜與蛋糕。大家一直跳舞到入夜，最後大部分的跳水員都脫掉上衣，大方秀出肌肉，蘭斯的一些朋友與家人很疑惑到底發生了什麼事。但他較年長的阿姨和表親玩得特別開心。整場婚禮像是一個大熔爐，把不同的人、不同的傳統與文化全部聚集在一個地方，而這一切都是為了我們。

那天晚上結束前，我們放了煙火，並放了兩首對我們來說意義重大的歌曲。當煙火絢爛的色彩劃過夜空，為漆黑的天空塗上霓虹色的彩虹與圖案時，我吻了我的新婚丈夫。我感受到真正的快樂與幸福。蘭斯是個堅定、敏銳、勇敢、盡責、努力的人，他給了我極大的安全感，讓我有勇氣面對任何挑戰。

隔天早上我出現有生以來最嚴重的宿醉。我很難過婚禮已經結束了，必須和許多人道別，但我和蘭斯還是嗨到不行，儘管我們都頭痛欲裂。能稱蘭斯是我的丈夫，並能成為婚姻傳統的一部分，對我們兩人來說都是意義重大。

我們決定將蜜月延後，因為我得先忙著為只剩幾個月就要來臨的世界跳水錦標賽做訓練。我們回家後，在陽臺上種了一棵日本楓樹，要花時間輕拍周圍泥土，還要澆足夠的水並種在最適當的位置讓它生長。這是蘭斯的母親最喜愛的樹，我們想和她一起紀念這一刻。我們還重新粉刷了客廳。多麼浪漫？！

過了幾天，我就回到泳池訓練。結婚後，感覺完全不一樣了。婚姻改變了我的想法，並給了我額外的安全感，我知道自己的生活會是什麼模樣。我感到安定、安全，並且被支持。

有時候我會回顧我們的婚禮影片，去回憶那天所有的點點滴滴。我迫不及待想在羅比大一點的時候播給他看，並想帶他一起回到博維城堡拜訪。這些回憶是無價的。

世界跳水錦標賽結束後，我們到巴塞隆納旅行，先去了海邊，造訪一些景點並大啖美食。幾天後，蘇菲和她的男友連恩來看我們。蘭斯和我都忙於工作，沒太多機會能和朋友見面，所以這是讓我們得以和朋友互相了解近況的好時機。我們之後去了巴塞隆納北邊的一家高爾夫球度假村，在那裡享受了幾天兩人時光。然後我們直飛紐約和幾個朋友碰面，接著去夏威夷，也就是我們的蜜月地點。當時恰逢夏威夷國際電影節（Honolulu Film Festival），蘭斯的電視節目《當我們崛起時》也在電影節上映。我們備受禮遇，而且玩得非常開心，造訪了許多景點。我們搭直升機飛過夏威夷，在珍珠港上空盤旋，看到下方如詩如畫的瀑布與茂密森林。我們在沙灘上悠閒漫步，在健行時汗如雨下，在清澈的海水中和野生海豚與海龜共游。真的非常幸福。

在回家的途中，我們經由洛杉磯飛回。我非常幸運地獲邀擔任知名畫家大衛・霍克尼（David Hockney）的模特兒。我們之前見過面，他告訴我，他想在未來的某個時間點畫我。我們一直保持連繫，還去他家吃過幾次午餐。在我們婚禮之前幾週，我收到一封電子郵件，信裡問我下次何時會到洛杉磯，他想完成這幅畫。

「讓我們完成它吧！」大衛寫道。

所以，我們去了他家，進入他的工作室。蘭斯說了我們的故事，他知道這得花一些時間，而且不想打擾創作過程，所以他離開了幾個鐘頭——而他確切地記得離開前我是穿戴整齊的。

「你知道嗎？我從一九七〇年代以後就沒畫過裸體像了，」大衛嘴裡吐出一團煙霧，並在畫架旁邊掐熄手上的香菸，悠悠地說道，「我認為我們應該畫裸體像。」

「你說什麼？好……」

我開始脫衣服，不禁想著：「接下來要做什麼？」

如果我能相信誰可以做這件事，那個人就是大衛。

「你坐下……」他說。

「嗯……你要我怎麼坐呢？」我問，盡可能不讓自己緊張地咯咯笑。

「坐著就好。你怎麼坐，畫下來就會是什麼樣子。」

我把內褲脫下，並把它掛在畫架上，然後盡可能地坐穩，維持著不會讓自己過度裸露的姿勢。大衛開始作畫，我就裸著身體坐在那兒當他的模特兒。

當蘭斯回來的時候，第一眼看到的是我的內衣褲掛在大衛的畫架邊上，我則全身赤裸地坐在椅子上，而大衛正全神貫注地創作。

蘭斯大笑，走到大衛的畫作旁。「他的手多出了一根指頭嗎？」

「那是他的睪丸啦！」大衛咯咯笑道。

這幅畫是以炭筆和蠟筆在畫布上創作，目前掛在洛杉磯郡立美術館（Los

Angeles County Museum of Art）展示。

擁有小孩是我們兩個從交往的第一天就在想的事情。面對並接受自己的性向讓我擔心的其中一件事情是我可能無法擁有自己的孩子，或是同性雙親可以擁有的那些選擇。我一直都和自己的家人有非常親密的關係，我也一直都很清楚自己想成為一名父親。蘭斯是在德州的南方摩門教家庭中長大，養兒育女對他來說從來不會是個問題。我們總是開玩笑說如果我們有多到可以組一支足球隊的孩子，才會感到滿足；我們都曾失去至親，都想打造並壯大自己的家庭。二〇一五年，蘭斯和我開始研究不同的選項，包括領養和透過代理孕母生的孩子。我一開始完全不知道代孕的運作方式，我以為就是有一個人懷了孩子，並且用的是孕母自己的卵，大概就是這樣。我們盡可能做了所有的功課，也必須決定是要在美國或英國走完整個程序。

在英國，代孕協議並不具備法律約束力，法律也沒有像美國那樣保護代理孕母。雖然代理孕母在英國基本上是合法的，不像一些歐洲國家，登廣告尋找代理孕母是違法的；孕母的名字會自動被列為生母，如果她已婚，她的配偶將會是寶寶出生證明上的父親。將父母身分轉移給委託父母，需要採取一些程序，並不是件簡單的事，代理孕母有權決定是否要簽署放棄監護權。雙方或許就此達成了協議，但在法庭上可能站不住腳。立意是無私的，但仍有缺點，且程序非常複雜，過程中有太多地方會出錯。

蘭斯認識在加州透過代理孕母生小孩的人。我們想要一個有血緣關係的孩子；這個嬰孩和我父親、蘭斯的母親，以及在他們之前的祖先，一脈相承，基因能追溯過去並能傳承到未來。這對我們非常重要。

在美國，代孕的規範比較完整，而且代理孕母將主導權牢牢握在自己手中。她可以選擇委託父母，並能起草關於代孕如何進行的合約，而在代理孕母懷孕期間會核發親子命令（parental order）。我們選擇試管嬰兒代孕（gestational surrogacy），也就是委託的孕母和孩子不會有親緣關係，所以選擇了捐卵者，再結合我們的精子成為胚胎，然後植入孕母體內，為我們孕育寶寶。這和人工授精代孕（traditional surrogacy）完全不同，人工授精代孕是使用孕母自身的卵子，所以她和孩子有直接的親緣關係。

在我們決定進行代孕的加州，試管嬰兒代孕是合法的，也有完整規範，並且是目前為止最主流的代孕形式。有上百道流程得按正確的步驟進行，每個人都得經過嚴格的審核與輔導來參與這些流程，以確保「團隊」裡的每個人都具備健康的身體與心理。雖然代孕是合法的，也有一套標準做法讓孕母付出的時間與孕期間的犧牲獲得應有報酬，這從來不是主要目的，採取盡職調查（due diligence）的做法是要確保所有孕母的初心是為了幫助無法生育的人，勝於得到任何金錢報酬。有許多慷慨又善心的女生想成為孕母，但許多人不符資格；這個審核流程在美國是難度很高的。並不會只因某個人想要成為孕母，就賦予她孕母的身分與責任。沒有任何事是靠運氣的。蘭斯是個美國人，這個事實意味著，不論我們是在美國或英國進行代孕，至少我們當中有一個人不是在自己的國家做這件事，所以做出「最安全的」選擇對我們來說是合情合理的。我們決定這就是我們想要組成的家庭。

二〇一五年十二月，我們在洛杉磯一家診所做了第一次諮詢。他們給了許多需要考慮的細節，但我和蘭斯都立即決定冷凍精子。我們知道尋找捐卵者的程序，並且找一個孕母可能需要好幾年，但我們很確定這就是我們要的，所以我們願意等待，全力投入把這個程序走完。整個代孕過程我們都保密，只讓身邊最親近的人知道。這是我和蘭斯談過的結果，並且我們的孕母也有共識。

尋找捐卵者就和找捐精者一樣。線上資料庫有不同女性的資料。每位女性都錄製了一段影片訴說她們為什麼想捐出自己的卵，以及一些個人基本的醫療與健康資訊。我知道這樣比喻有點奇怪，但這有點像是約會；蘭斯和我各自看了無數個捐卵女性的資料，然後決定誰具備合適的特質，有可能與我們及我們未來的家庭相匹配。我們同意列出各自中意的人選，但最後我名單上只有一個人，蘭斯也是。同樣一份個人資料顯示在我們各自的電腦螢幕上。我們都被她的特質所吸引；她看起來很幸福也很樂觀。我們從沒想過她的長相如何，我們只是想要一個健康又快樂的孩子，以及一個能反映出我們伴侶關係的人。她談了自己的願景以及想捐卵的原因，她談到曾看過自己的家族成員無法生育，以及為什麼她想幫助其他家庭擁有自己的孩子。一想到我們找到了孩子的生母，我和蘭斯激動得不知所措。這讓人感覺，我們的家庭就要完整了。

當然還是有許多關於代孕的法律、情感與實際執行的問題，我們請了一家專門辦理代孕的公司幫助我們完成所有程序。接下來就是要找到一位代理孕母。蘭斯和我做了一份自我介紹的資料，內容是關於我們的生活、如何遇見彼此，以及我們是什麼樣的人。我們還必須回答關於彼此的問題。社會上存在一個很大的誤解，認為代理孕母對委託父母來說是陌生人；事實並非如此。對我們來說，和孕母的關係總是會非常緊密與親近，所以找到有共同興趣、信仰與人生觀的人，真的非常重要。接下來就只要讓孕母候選人看到我們的資料，並喜歡到願意選擇我們。

接到有人想見我們的電話時，我們馬上看了她的資料，然後立刻答應。第一次和我們的代理孕母見面，感覺是一件天大地大的事情。我非常害怕；風險是如此之高。我們非常希望她能喜歡我們，同時也希望自己能喜歡她，因為這始終是一段非常個人的旅程。我們都花了幾分鐘讓自己放鬆，但很快就處得非常好。我們必須非常坦誠且開放。漸漸地，我們建立了奠基於關愛與信任的關係。她給了我們一個很棒的禮物，當中有一種讓人無法不愛上的溫暖和善良。

最後卵子受精了，一半使用我的精子，一半使用蘭斯的精子，之後植入了兩個胚胎，無法得知哪一個胚胎是用了誰的精子。我們不想知道，也不在意誰和這個胚胎有遺傳關係。這個孩子是屬於我們兩個的。

我們詳細了解了這個過程的醫療層面，以及我們將採取的處理方式，並在這個基礎上擬了一份合約。我還記得第一次看到這份合約時，內容非常複雜且瑣碎，但合約本應該如此；所有可能出現的結果，以及所有可能發生的狀況，全都涵蓋在合約裡，所以我們非常清楚會發生什麼事。沒有任何事被遺漏。

當我們知道胚胎已經植入而她有可能懷孕時，感到非常興奮，但同時又不想操之過急，因為懷孕初期很多事都有可能出錯。當胚胎植入十天後，蘭斯陪著我們的孕母到診所做了一些血液檢測。她強烈感覺到自己懷孕了。當我們被告知她懷上我們的孩子時，感覺十分不可思議。突然間，感覺如此真實。我們就像許多準父母一樣，有著很多複雜的心情：興高采烈、心神不寧、幸福、興奮。我們想確定代理孕母具有一切必需品，以確保我們的孩子是安全與健康的。

儘管我和蘭斯都為了工作經常到處奔波，我們還是參與了許多次超音波檢查。在螢幕上見到我們的寶寶揮舞著小手小腳時，感覺非常神奇。在二十週的超音波檢查時，我們看到代理孕母懷著一個健康又完美的小男孩，決定要將這個消息公開。我了解到，掌握描述自己的話語權是非常重要的，而這是我們兩人生命中的重大時刻之一。我們需要在這消息見報前，自己公布它。那天是情人節，我和蘭斯在自己的社群媒體上貼了一張我們共同握著超音波照的相片，並寫道：「我們祝大家情人節快樂！」附上兩個爸爸與一個嬰兒的表情符號。這應該是我們生命中最幸福的時刻。

當然，我們收到了許多祝賀、支持的文字，以及溫暖的祝福，但在傳統媒體與社群媒體上還是有許多強烈的批評，一大串令人厭惡的恐同謾罵向我們襲來。我們這兩個大男人擁有自己孩子的事實，似乎讓某些人感到不舒服。感覺不僅是我們成為父母的權利，就連我們以代孕的方式生小孩也備受抨擊。英國一家右翼報紙上有個評論人發表了一小篇文章，寫著兩個父親的家庭是「不正常的」，並加上「請給我嘔吐袋」以及有些女性被當作「生產機器」的評論。這引發了許多辯論與重大後果，許多大廣告商從支持這種偏狹觀點的報社那裡撤回了廣告預算。輿論譁然，人心惶惶，但還是有許多人同意這位評論人的看法。有一個電臺節目詢問他們的推特粉絲，是否覺得一個女人懷著我和蘭斯的小孩有任何「害處」，其他網站也出現數千則評論，爭論我們的選擇，以及我們即將出世的孩子。如果我們說這些評論並不傷人，那是騙人的。

我知道代孕這個話題長期以來一直備受爭議，而我們的公開宣布似乎重新燃起媒體對這個議題的討論，也為人們提供了一個爭論的平臺，但誰會想讓自己還未出生的寶寶涉入這當中呢？當然，我們兩個男人如果沒有女人的幫助，永遠無法擁有自己的小孩，但就是會有好到令人難以置信的女性願意幫助異性戀或同志伴侶擁有自己的孩子，包括我們找到的偉大孕母。利用代孕來生小孩的人們，絕大多數是異性戀伴侶，他們由於年紀與健康問題等不同原因而無法受孕。如果我們是異性戀伴侶，事情就絕不會有這樣戲劇性的發展。許多公眾人物曾利用代孕來擁有孩子，例如：金．卡戴珊（Kim Kardashian）、妮可．基嫚（Nicole Kidman），以及莎拉．潔西卡．派克（Sarah Jessica Parker），都沒人說些什麼。她們選擇代孕的原因之一是健康問題，而有一些女性願意以這樣的方式幫助另一些女性，真的太棒了。要接受所有負評，真的非常困難，因為我們希望羅比被談論的最初時刻是快樂的。

想要一個有兩位父親的家庭，這整個議題其實是非常單純的。我們非常渴望打造一個屬於自己的家庭。許多人意外懷孕，但對同性雙親來說，這永遠不會是意外。

這涉及不同程度的承諾，並且始終是一個有動機的決定，因為實在是非常非常想要有個孩子。

一個現代家庭應該是什麼模樣？現在有許多不同型態的家庭。擁有父親和母親、平均二．四個孩子，一切完美且父母相愛的家庭，肯定相當罕見。最終，那些願意投入愛、時間與關心去養育孩子的人們，才是最好的父母。這有可能是單親媽媽或單親爸爸，或可能有祖父母涉入其中。家庭可以有各種型態與大小。

我們想讓羅比知道他是如何來到這個世界，這樣當他想知道的時候，就握有觸手可及的事實。我們開始記下所做的每一步，以及發生的事情，讓我們日後能夠回答他可能詢問的每個問題。毫無疑問地，我們的孕母一直都是我們家的一份子。我們一開始就希望她是未出世的孩子成長生活中的一部分。她永遠不會是我們孩子的「母親」，因為她和孩子並沒有親緣關係。但我們非常親近，並且經常連絡，我們會視訊，在加州時也會見面。我們的孕母說她和羅比是「肚子裡的麻吉」。我和蘭斯對她有無限的愛、欽佩與尊敬，我們知道她將會一直在我們的生命裡，並且是我們家的一份子。

二〇一七年底知道我們的孕母懷孕後，一切突然變得真實。我非常興奮，但又常聽到懷孕期間可能會出很多問題，我決定不要操之過急。畢竟，我已經準備好一整個抽屜的嬰兒服了！

每年的聖誕節，我都會為蘭斯做一本小剪貼簿，裡面貼滿各種紀念物與小紙條，記錄那一年我們造訪的所有地方，以及我們一起經歷過的事。我們相遇後，我在二〇一三年給了他第一本剪貼簿，在裡面貼了一張紙條，上面寫著：「我會帶你去威尼斯。」結果顯然從二〇一四年到二〇一六年都沒實現這件事，我以為他一定忘了！當我因為小腿疼痛而決定不參加二〇一八年的跳水世界盃後，我最終決定在羅比出生前帶他去威尼斯過一個「產前蜜月」（babymoon）——是最後一個只有兩人世界的假期。這期間剛好也會遇到我們的第一個結婚紀念日，所以也能當作是完美的週年紀念。我告訴他，我要和他來個夜間約會，並連絡他的助理，確保他空下了幾天行程，還偷偷幫他打包了行李。我告訴他，要在傍晚五點準備好晚餐前的活動，然後我們趕上了開往布萊頓的火車。蘭斯猜想我們是要去海邊過一晚。但我們途中就在蓋威克機場（Gatwick Airport）下車，飛往威尼斯。我們在威尼斯度過了一個非常美妙的週末，搭著貢多拉船（gondola）四處飄蕩，還造訪了所有博物館與藝廊。在我們正式建立一個家庭並深陷於尿布堆及睡眠不足的狀況之前，有這樣一段只屬於我們兩人的時間，感覺非常重要。

在羅比預產期之前大約一個月，我們飛到洛杉磯，並搬回蘭斯位於西好萊塢的老家。我們到嬰兒用品店，在商品走道上來回奔波，確保我們在這裡能找到所有需要的物品，並能完全複製我們早前在倫敦的家裡已經備妥的一切，為我們的回歸做好準備。拿起小尿布與溼紙巾，還有汽車安全座椅，讓這一切都變得非常真實。

我們後來知道孕母隨時可能會生產，那段等待著大日子來臨的時光感覺非常超現實。接下來的日子我們完全無法放鬆，我們總是緊抓著手機，就像抓著救生筏。我們不想錯過任何事。除了鍛鍊身體，我花了大把時間盡可能地閱讀許多育兒書籍，並吸收書裡的知識。我喜歡做好準備。離開倫敦前，我們上了嬰兒急救課程，學到了如果我們的寶寶噎到或是停止呼吸時該怎麼做，我覺得這讓我們更有信心。我下定決心要盡可能做好準備，但我發現這些書完全是相互矛盾；每本書都在說同一件事，但下一本書又會給我不同的說法。寶寶需要先睡覺再喝奶，還是要先喝奶再哄睡？寶寶哭的時候應該放著讓他哭嗎？還是絕對不能放著讓他一直哭？是等寶寶餓了再餵奶，還是要按表操課地餵食呢？我非常困惑。現在每當有人問起，我只會給一個親子教養建議：絕對不要聽其他父母的建議。我領悟到，一旦你的寶寶來到這個世界，你就只能自己找出養育他的方法。你必須盡全力並相信你的寶寶在你做錯時會讓你知道。

我們試了幾個稱呼自己的不同叫法，得到的結論是，如果寶寶到三十歲時還在叫我們其中一個「拔拔」（Daddy），可能會有一點奇怪。所以，蘭斯成了「拔拔」（Daddy），等寶寶大一點就能改叫「爸」（Dad），我則成了「爸爸」（Papa）。這個新稱謂非常特別，也是我們即將組成的三口之家，最獨一無二的地方。

最後，我人在花園時，電話打來了，是無預警的喜悅，而且當時手機不在我身邊。有個朋友正在幫我剪頭髮。我們的孕母已經過了預產期，但還沒有出現產兆，安排在幾天後引產。在我腦海裡，那就是羅比將要出生的時刻。

蘭斯跑下花園對我說：「羅比要出生了，我們得趕快過去！」

儘管我們已經等了好幾個星期，並準備好所有東西，包括最重要的「出走包」（'go' bag），裡面裝了所有必需品，擺在門口；但我還是非常慌張，走到門口時被自己的腳絆倒。孕母住在離洛杉磯幾小時車程的地方，那是個星期五下午，我們非常擔心會碰上交通尖峰時刻。開過去的路上，始終非常緊張。

一開始，孕母發了訊息說：「我覺得可能要生了。」之後過沒幾分鐘，我們的手機再次收到一則訊息：「我很確定真的要生了。」這一切真的很不真實。

當我們到達醫院時，我以為會和電視節目上看到的一樣，醫生和護士匆忙慌亂地來回奔波，推著病床並大喊著一些醫學名詞縮寫詞，但一切都非常平靜，我們和孕母、她的丈夫、她最好的朋友坐在一起。同性戀代孕安排在加州並不少見，並且這個地方非常多元，所以我認為在醫院工作的人已經非常習慣看到這種景象。時間已經來到傍晚，我們都認為將要面對漫長的一夜。

最後我們的孕母只花了大約三小時，在我們抵達醫院的一小時後，她就已經準備好要把寶寶生出來。我們一開始就知道我們的兒子會以我爸的名字「羅伯特」命名，並以「雷」做為他的中間名。我們以前都會叫我爸羅比雷，因為他喜歡唱卡拉

OK，我們都會拿這件事開他玩笑，叫他「羅比．雷．希拉」*當我知道雷也是蘭斯家族裡的一個名字，與他的德州南部家族歷史有關連時，這個名字就成為我們的最佳選擇。這是我們第一次約會到康瓦爾的駱駝步道騎腳踏車時，一起商定的名字。

二〇一八年六月二十七日的晚上八點三十分，羅比．雷．布雷克—戴利誕生了。

這是最奇妙又夢幻的經歷；這就像我準備了完美的詞彙來描述這個經驗，但一到嘴邊就說不出來了，因為它們不是準確的詞彙。當蘭斯剪完臍帶，寶寶量完體重後，我是第一個將寶寶放在胸口與他有肌膚接觸的人。他這麼小，是個全身溫熱溼軟、身形很長的寶寶，一雙又大又亮的雙眼直直望進我眼裡，彷彿能直接看穿我的靈魂。即使才出生沒幾分鐘，他已經非常有感知力。這種無法抗拒、與生俱來的感覺，就是最純粹的愛。這是我的小男孩，而我是他的父親，有一條看不見的愛之線將我和他的心永遠連在一起。我和蘭斯的兩人世界軌道突然傾斜了，羅比現在位於正中間。

他馬上就在尋乳，我們餵他喝奶之後他就睡著了，他的小臉皺成一團，他的雙眼閃爍著光芒。我們的孕母和她的先生都笑得合不攏嘴；她非常替我們開心又興奮。她給了我們最棒的禮物，而且再也沒有比這更多的付出了。沒有任何事物能表達我們對她的感激，文字及話語都無法做到。整個房間都充滿了愛與歡樂。我知道羅比會是目前我所經歷過最美好的事情，絕對勝過我在職業生涯中的任何成就，或是生命中的任何時刻。羅比就是一切。

我和蘭斯都非常希望羅比出生時我媽就在現場，但她只能請假兩週，所以我們還沒幫她訂機票。當時她在一家托嬰中心擔任財務行政專員，但也在育嬰室裡幫忙。我們不想太早訂機票，以防她在羅比出生前就得回到工作崗位，但真的很難判斷確切的時間點。最後，就在她的飛機降落時，我們接到孕母進產房的電話，然後她就和蘭斯的表妹黛比一起在羅比出生前半小時抵達醫院。那天其他班機都被取

譯注：源自美國鄉村歌手比利・雷・希拉（Billy Ray Cyrus），他的第三個女兒是主演過迪士尼影集《孟漢娜》的當紅女歌手麥莉・希拉（Miley Cyrus）。

消，感覺這一切就是命中注定；我和蘭斯人生之旅的另一部分是冥冥之中就已決定好的。羅比出生後沒多久，我媽就見到他了。我知道當我向她出櫃時，她第一個想到的就是可能不會有孫子了。她立刻就愛上了羅比。

在醫院的最初二十四小時裡，我們學到最多，助產士教了我們好多育兒知識。除了確保羅比有按時喝奶，並有足夠的乾淨尿布可供更換，還有其他我們必須熟知的技巧，像是如何以包巾包裹嬰兒。要練習這個技巧，你無法避開一個活生生的、揮舞著纖細四肢的嬰兒。這整個過程讓人既緊張又害怕，令人無法招架。羅比順利通過所有測試，我們在他出生後的第二天出院回家。在我們離開前，孕母和她的家人過來看我們，並抱了羅比。這真是非常珍貴的一刻。

最重大的時刻是當我們小心翼翼地將羅比固定在安全座椅上，確定一切都以正確的方式扣好並綁好時——我們已經練習過無數次——最後砰的一聲關上車門。突然間，我們就開走了，我們真的變成雙親——拔拔和爸爸——並且要為後座的兒子負起完全的責任。我們正這麼做。

回到家的頭幾天是一個起伏很大的學習曲線，但很快我們就有像是已經認識他很久的感覺。我媽和我們在一起，這幫了我們很大的忙，當我們去看羅比時，緊張地問：「他睡著了，但是他有在呼吸嗎？」媽媽會安慰我們：「有的，他好得很！」

頭幾天，蘭斯和我一整夜每隔兩、三小時就起床餵他喝奶，並一起幫他換尿布，我們兩個一起熬夜，確保我們做得正確，並遞給對方需要的東西，像是極小的尿布。到了第三晚，我們比較有信心輪流照顧羅比了，這樣兩人都能有時間休息。很快地，我們就開始拉長兩次餵奶之間的間隔時間，我負責晚上十點和早上六點的餵食，蘭斯則比較早上床睡覺，負責晚上六點和凌晨兩點的餵食。我喜歡有一個時間表能讓每個人都遵守；這似乎是我在初期所扮演的角色，還有撫抱、餵奶與換尿布。羅比在各方面都是個天使寶寶；他非常淡定，而且吃好睡好。他跟那種會尖叫並且好像氣到面紅耳赤的嬰兒非常不一樣，我和蘭斯開玩笑說我們得到一個入門款寶寶，專門送給超緊張的新手爸爸。就像所有的新手父母一樣，我們忍不住一直盯著他看，覺得他每個微小的舉動都是完美的。完美的大便！完美的咕咕聲！他是世界上最完美、最漂亮的嬰兒。

我們進入了一個簡單的日常生活模式。我會去做禪柔運動並健身，試著讓身體維持一定的靈敏；而蘭斯在筆記型電腦上打字時，羅比則在旁邊的提籃裡打盹，聽著蘭斯敲打鍵盤的聲音當成搖籃曲入眠。蘭斯會開玩笑說羅比是最佳的寫作夥伴，都不會對他有任何批評。

四週後，我們飛回英國。回家的旅程剛開始並不順利，我們在飛機起飛前半小時才到機場，幸好經過一番懇求後，航空公司讓我們上飛機了。我們對羅比第一次搭飛機感到緊張，但確定在起飛與降落前都有餵他喝奶，他整趟旅程都在睡覺。瞧！羅比真是一個完美的寶寶。我們的第一段航程是先搭國內班機到達拉斯，因為蘭斯的阿姨南是一名空服員，她負責的航線是達拉斯到倫敦；我們配合她的航線，讓她能陪伴我們最後這段返家旅程，這樣她能見到羅比，並能在過道來回走動時和我們聊天。

我們三個人一起在家裡安頓下來。羅比開始會笑了：嘴巴微微打開露出牙齦，臉頰上揚。那是最純真的快樂，就像是人類的共通語言，我們一家三口總是笑容滿面。他一打完預防針，我們的朋友和家人就陸續來拜訪，所以他總是被不同的人輪流抱來抱去，像個小包裹那樣被傳遞著，而且他喜歡這樣。他總是很開心。剛開始的時候，我弟弟他們會從普利茅斯過來看他，我們所有的朋友也都來看過他。我們一直都很歡迎人們來看羅比本人，而不是只看他的照片。

從那時候起，我們最快樂的家庭時光是和朋友及家人在一起的時刻。我們經常帶羅比出去吃飯，一開始他待在嬰兒車裡，之後就可以坐在桌前的兒童餐椅上，一起享受用餐的樂趣。羅比是個非常活潑外向又有自信的孩子，我們以他為榮。

休息四個月後回去訓練感覺很不一樣。成為人父讓我對跳水運動的想法有了很大的轉變。教練們告訴我，要休息多久都可以，而我覺得自己已經準備好要回到泳池。成為一名父親，徹底改變了我對跳水重要性的看法。現在，有個孩子在家裡，沒有時間讓我沉迷於工作，以及我當天完成的跳水動作是好還是壞。我也知道自己必須充分利用在泳池裡的每分每秒；要接受更多訓練並且更努力。我把跳水這件事留在泳池，只要一回到家，我唯一關注的就是羅比會發生什麼事。這表示我可以把注意力從跳水這件事移開來，這是我之前從未做到的。現在我們生命中的每件事都是繞著羅比轉。

我們發現，做為兩名父親，在扮演育兒角色時，我和蘭斯可以發揮自己的強項，不必套入典型的性別角色中。

我負責羅比每日生活的規律性與清楚的時間表，在早期時我會記錄所有事情。這個做法似乎對羅比很有效，因為他總是吃得好也睡得好。我喜愛美食，所以很樂意和他分享。當他開始斷奶的時候，我非常開心地烹煮和混合食物，並將我完成的創意料理分成小分量，裝入容器中冷凍。這就像是一場美食探索。看羅比進食時感覺非常特別，每回他初次品嘗某樣食物時睜大眼睛的樣子，我非常喜歡。青花菜！地瓜！起司！他會嘗試不同碗裡的食物，很快我就開始每餐給他專屬的迷你分量，他長得很快。我煮了很多各式料理，總是讓他吃咖哩、義大利燉飯和燉菜。他非常喜歡吃蔬菜，總是先把盤子裡的青花菜吃光才吃其他食物。現在他基本上會吃掉我放在他面前的任何東西。隨著他漸漸長大，他喜歡和我一起烤蛋糕和餅乾，拿著他的木湯匙攪拌材料，享受和我一起待在廚房的時光。

和蘭斯在一起時，他喜歡協助ＤＩＹ，並幫忙從工具箱拿出工具。蘭斯在我每天去訓練時，承擔了許多照顧羅比的工作。他犧牲了一整年的電影工作待在家裡，我非常感激他能扮演這樣的角色，我們也覺得非常幸運他能夠這麼做。他是一個超級爸爸！

大約一年後，我們決定，做為職業雙親，對我們家庭最好的做法是讓羅比一週去托兒所幾天。委託他人照顧羅比，感覺像是一個重大的決定，但在適應期間，羅比非常喜歡托兒所，我們甚至沒辦法讓他和我們回家；他真的不想離開其他孩子和新玩具。他一直都很喜歡托兒所，也很喜歡和其他孩子互動。當他和其他人一起在公園裡踢球或是一起野餐時，他是非常自在的。他一直都非常喜歡幫忙做事，像是為植物澆水。我們變得有點著迷於家裡的植物，各種類型的植物，有些是吊籃，有些則種在室外，甚至還在屋頂種了一棵棕櫚樹。羅比有一些自己的向日葵，以及放在房間裡的植物，他會拿著專屬的罐子澆水。他喜歡感覺自己長大了，他也非常獨立，會在一些協助下自己做早餐，並選擇自己想穿的衣服。他也非常喜歡待在水裡，有時候還會評論跳水水花的大小，或發出「哎呀」的感嘆聲。

在社群媒體發布我們家的生活照時，我會很小心地不讓羅比的臉曝光。等他大一點，可以自己決定是否要以這樣的方式被大家認識。但在大眾的注視下生養小孩也會引來許多批評與非難。舉例來說，如果我在社群媒體上發布一張我們一起在廚房的照片，羅比坐在一邊，一定會有「好心人士」關心他是否安全、他是否在吃糖，或是我正在做的事情對不對。撇開社群媒體，身為同性戀雙親與同性戀父親，我有時候覺得我們被以更高的標準評斷。當你出現在公眾場合時，會覺得所有目光都集中在你是否做了正確的事情，或是以正確的方式教養孩子。這不僅僅是在實際層面上，例如像是男生廁所裡通常不會裝尿布檯，但我也認為，一般人看到是兩個爸爸在帶孩子，會覺得我們完全不知道自己在做什麼，或是這對我們來說並不像對女性那麼容易。他們會好心地提供協助，但有時候，這會讓人感覺我和蘭斯正在做「不合格」的事，即使這和現實有極大的差距。有一天，我自己帶著羅比搭火車，一位女士問我是否想讓她幫羅比換尿布。還有一次，一個陌生人試著要幫我把羅比固定在嬰兒車上。羅比當時大約九個月大，我其實已經很熟練了。我想他們的出發點都是好的，但其實並不需要。

我認為，當人們看到或聽到兩個同性戀父親帶孩子時，都會感到擔心，但當他們將我們視為雙親，並了解我們非常愛自己的兒子，只想成為一個普通家庭，突然就想通了，也能意識到我們就像其他父母一樣。做為同性戀雙親，生活在公眾眼光下，是非常困難的，但只有透過個人的故事，人們才能了解，並且更容易接受。

目前還有很多困難需要克服。根據英國法律，羅比的孕母及其先生仍是他的父母，即使他們並沒有血緣關係。我和蘭斯必須出席兩次聽證會，並出示許多文件與資料，才能成為羅比的合法雙親。這讓我非常緊張，因為在這個程序完成以前，如果羅比在醫院接受治療，即使我和蘭斯很明顯是他的雙親，理論上來說，任何一位醫生都可以拒絕我們幫羅比做決定的權利，英國法律只同意兒童的合法雙親代表他們做出醫療決定。

技術上，收養我們親生兒子的過程非常困難且所費不貲。在羅比第一次會叫「拔拔」的同一個月，我們被傳喚出庭參加聽證會，開始了合法成為羅比雙親的漫長過程——即使我們在美國已經是羅比的合法雙親。法庭上的氣氛很好，但我們之後被告知會有一位調查員到我們家，判別我們是否是這個孩子的好父親。某個不認識的人會以這個名目來我們家，並對我們做出評價，這真的很難想像。

「這對你們來說一定非常奇怪。」一看我們緊張地站在那裡，法官說道。她向我們保證，不論是同性戀伴侶或是異性戀伴侶，都得經歷這個特別調查，但這再次讓我們擔心自己和其他父母不一樣。我們回想起，當我們首度宣布要以代孕方式擁有孩子時，人們說過的話。這讓我們覺得很不舒服，並且認為自己「不夠好」；就像我們是整個體制無法處理的異類。

整個程序需要花非常多時間、金錢，許多障礙需要克服，為的就是要讓我們的兒子能真正屬於我們。無庸置疑，他完全值得我們付出每一秒鐘、每一分錢，並克服每個阻礙，花多少代價都值得。他為我們的生命所帶來的喜悅超乎我的預期。

由於跳水運動的陳舊規定，蘭斯和羅比來看我比賽一直都很麻煩。有一次，蘭斯帶羅比到倫敦水上運動中心看我在世界跳水系列賽倫敦站（London World Series）的比賽，那次的狀況有點糟，因為蘭斯和英國游泳協會發生激烈爭吵。我們不想讓羅比在鏡頭前曝光，也不希望人們拍下他坐在蘭斯腿上的照片，所以我們達成共識，讓羅比坐在嬰兒車裡，在看臺上看我比賽。比賽進行到一半時，一名英國游泳協會的女士走過來斥責蘭斯，告訴他這是不被允許的，即使那個週末稍晚還有其他女士推著嬰兒車在那裡看比賽。基本上，她是要把蘭斯趕出場，我們忍不住想，如果今天是一個媽媽帶著孩子來看她的丈夫比賽，他們就不會受到同樣的對待。這把蘭斯推到一個艱難的處境——他想到場看我比賽並支持我，卻成為被攻擊的目標。蘭斯把嬰兒車收好後離開。我後來被告知有人對他提出正式投訴，說他對那位女士口出惡言，但我的祖父母也在現場聽到了他們之間的整個對話，每個人都感到莫名其妙。根本沒有任何人提高音量。那位女士拒絕讓步，這讓蘭斯覺得他隔天無法回到場上看我比賽。

身為一名運動員，有時候會覺得自己是被運動組織「擁有」，而他們會以任何他們想要的方式對待你。我為跳水這項運動奉獻這麼多，但我和家人卻沒有得到和其他人相同程度的支持，而協會默許這樣的情況存在。但不是所有推廣跳水運動的國家都如此。當我們到加拿大參加世界跳水系列賽時，他們會提供一個空間，家人和朋友可以過去和選手待在一起，並能互相照顧。過去我曾到加拿大參賽三、四次，他們都會提供蘭斯特別許可，讓他和其他選手家屬待在同一區。

有時候會感覺我們似乎還是試著要晉級的孩子。我了解，當我還是個孩子時，需要聽到直接的指令，像是「加油！孩子們」，並告訴我何時需要上床睡覺。現在，我已經二十多歲、已婚、有一個孩子，我覺得自己不再那麼需要相同程度的指引。

我知道自己需要獲得充足睡眠才能在跳水時有好表現；我越來越不想被告知**何時**熄燈睡覺。

跳水界的權力人士在其他方面也表現出不太能接受我和蘭斯的關係。這要回推到二〇一四年，我們從上海的世界盃跳水賽回來的途中。英國游泳協會有這種非常隨機的規則，就是運動員不能和朋友及家人搭乘同一班飛機，或入住同一家旅館。我可以理解不能睡在同一個房間，但不只如此，規定是要完全不同的飯店，這有時候會很難做到。但蘭斯還是非常遵守規則地待在另一家飯店。當我們從上海要飛回家時，蘭斯搭的是維珍（Virgin）航空的班機，我們則是搭達美（Delta）航空。當他訂好機位時，兩個航班時間只差五分鐘。當我們抵達機場時，看起來兩個航班的起飛時間有點不同，但是會同時降落。結果這兩個航班是共用航班，根本是同一班機，我們就一起搭機回家。當時我並不認為這有什麼大不了的。我爸從我還是青少年時就一直在和這條規則抗爭。因為通常沒有那麼多班機會從特定的地方起飛，這表示得多待一天或是提早離開；這對他而言從來不是一件容易的事。我的家人，包括蘭斯，總是自己花錢買機票，除非我正在替英國游泳協會宣傳。有時我就會想，自己花錢幫所有人買機票還比較容易。

這架特定班機後來發生火災，所以我們得緊急降落。飛機必須應急放油，空服員哭了，工作人員穿著防護衣；整個過程非常戲劇化。飛機在俄羅斯伊爾庫茨克（Irkutsk）的一座湖上盤旋，他們試著從這個冷戰時期的機場取得許可，降落在那裡。我們一落地，蘭斯就在他的社群頻道上放了一段影片，這段影片引起維珍航空高層的注意。他們非常幫忙，並把我們移到飛機前端，告訴我們為了讓我們回家所準備的一切。但是跳水隊的長官堅持要嚴守規定。我們待在一間旅館裡，房間數量不夠所以得和其他陌生人共用房間。跳水隊的人數是奇數，所以我建議自己和蘭斯共用一個房間。結果情況變得很糟。

我忍不住想，如果我和蘭斯是異性戀關係，而他是我的太太，事情就會有不一樣的發展。即使我們結婚了，卻從未受到過與異性戀夫妻相同的對待方式。蘭斯就這樣被扔到一旁，而他對我和我的跳水運動的付出與支持也從未被正視過。我認為這是許多家庭與他們所做的犧牲的真實寫照。如果運動員身邊沒有家人和朋友的支持，他們就無法參加比賽。最重要的是，沒有我先生的支持，我就無法跳水；現在我們有了羅比，沒有蘭斯的幫忙，我根本無法訓練或比賽。他也有自己的事業，我們就像大多數的家庭，會以兒子為中心去完成各自的工作。我認為，做一名職業運動員和父親，兩者無法配合得很好，而兩者之間的平衡更是考驗人性。以我和蘭斯的例子，要將工作責任與家庭生活完美結合的難度甚至更高。母親待在家、父親外出工作的性別刻板印象也深植在運動精神裡，根本無法打破這種老舊觀念，而我們的家庭似乎無法符合這樣的模式，所以他們不知道該如何對待我們。最近幾年來，雇主不得不承認，職業婦女有能力同時工作與照顧小孩，整個社會也比較能接受父親——包含異性戀夫妻——在撫養孩子上比以往扮演更重要的角色。因此，育兒規則在各行各業中正在發生改變。我認為運動界在這方面還有很長一段路要走。

有了羅比之後，我知道自己的生命再也不會一樣，但我從未真正意識到這會讓我思考事情的方式有多大的轉變。在泳池時，我更努力訓練，也更專注，好讓我在家時可以全心全意地照顧羅比，我的情感也比以前更加豐富。現在我把每個人都看成某人的孩子，所以即使是在看電影或新聞時，也會從不同角度去看事情，並有更深刻的體會。我變得更容易哭泣。我的理解力，特別是我對其他為人父母者的理解，感覺是呈倍數成長。我也在生活中一些比較單純的事物上找到喜悅——照顧植物、煮一頓大餐、繞著公園散步、賞花、野餐，以及做許多的編織創作。

最重要的是，我覺得成為一名父親是我的天職，也是我存在的意義。現在，當我參加比賽時，無論我表現得好不好，都能回到無條件愛我、支持我的家人身邊。這給了我更多信心，也讓我能將身上的壓力釋放出來。我當然想要有偉大的成就，但成為一名父親並留下某種永恆的傳承，將父母教給我的經驗傳承給下一代，這種感覺非常特別。

Motivation

動力

身為一名運動員，動力是我做每件事的基礎；沒有繼續前進與取得成功的決心，我對跳水所投入的一切，自我同理心、毅力、耐力、專注等等，都沒有意義。我真心相信，如果你有動力去做一件事，就能實現任何目標，沒有什麼能夠阻擋你。

隨著事業展開，我的動力有不同程度的起伏。就和任何人一樣，我有順遂與不順遂的時候——有些日子就是會比其他時候更容易起床上工。隨著事業逐漸發展，我學會去理解並接受這點。在張開眼睛覺得無趣、疲憊或乏味的那幾天，彷彿還沒開始就已經被打敗，我知道自己得再磨練並繼續向前——那些日子就是我能做出最大改變的時候。我告訴自己，振作起來並繼續努力，絕對是值得的，不久後，我一定會想通某個點，而身體就會立即有所行動。同時，我可能會調整自己的做法，好好利用那一整天，而不是堅持推到極限讓自己受傷。我可能會換做其他運動，或是調整訓練菜單，所以我總是會充分利用自己的時間。

自從結婚並有了羅比後，家庭就成為我盡其所能努力工作的最大動力。我想樹立榜樣，努力工作，讓羅比知道追尋夢想是很重要的。我想讓家人以我為榮，但同時我也不想再感受到和以前一樣的壓力。成為一名父親讓我想要更努力工作。

進入二〇二〇年——另一個奧運年——讓人非常興奮；不知怎麼的，在一連串的各種比賽中又經過了四年，而我現在處於另一個位置，是個已婚人士，家裡有個兒子。然而，對我和其他人來說，二〇二〇年是要維持我的動力最困難的一年。我等不及要在東京奧運出賽，並在結束後花一些時間陪伴家人及休息。我的整個人生都圍繞著四年一個循環的各種比賽與奧運，我已經做好要前進東京奧運的心理建設。COVID-19的全球大流行卻大幅改變了原本的規畫，讓我又多了整整一年的密集奧運訓練，這是任何人都無法預料的。我想，對我們所有人來說，它展示了任何事都可能瞬間改變，我們必須活在當下，並專注於生活中的正面事物。我的最終目標仍然一樣，即使終點線的位置換了，我還是得朝著終極目標不斷前進：在東京奧運跳出我的代表作。

二〇二〇年第一個重大挫折是我的手斷了。當時正值年初的全國錦標賽備戰期，一個臨近週末的日子，我在健身房完成一個分量很重的訓練後，感到疲憊不堪。我當時正在練習四圈半前空翻，原本我的手應該環抱我的腿，但我沒有抓好。當我沒有抓到時，雙手就撞在一起。跳水動作沒有問題；這純屬意外。從泳池爬上來才幾秒鐘，我的右手已經腫起來並瘀青。我不停甩手，想讓疼痛停止。我認為自己的耐痛程度還滿高的，但我很清楚這股疼痛不會消失。

幾分鐘後，傷口變得非常明顯，不但劇痛難耐又嚴重腫脹，也無法移動手指。

「我上去再做一次。沒事的。」我對珍說道，揉了揉手。

「你根本抓不住任何東西，要怎麼抓好你的雙腿並完成跳水動作？」珍回我。

X光顯示我食指關節下方約兩公分處的一根掌骨斷掉了。在任何一個奧運年的開端，沒有人想要自己的骨頭斷掉，儘管骨頭其實很快就能癒合，不像肌腱斷裂那樣，需要進行手術。這也是我第一次因為跳水摔斷骨頭，現在回想起來似乎相當不可思議。我很清楚，關於我的訓練或我能做的事，接下來自己都沒有發言權。這就是受傷令人氣餒的地方；所有的控制權都被剝奪了。我必須耐心等待傷口癒合。沒有其他選擇。我知道自己如果太心急，只會再次受傷，或是要花更長時間才能恢復。

我被禁止在十天內做任何事，但我還是盡量在健身房裡做其他部位的訓練。這完全不是奧運年理想的開始，我又再一次感受到那熟悉的挫折感與煩惱。我能專注在平常不會做的運動，例如：肌力訓練與有氧運動、伸展與復原，並且鍛鍊所有我平常沒機會運動到的小肌肉。

那年三月初，我第一次完成四圈半前空翻，是在加拿大蒙特婁舉辦的世界跳水系列賽主要賽事的前一天。那時候，關於COVID-19全球大流行的新聞已經延燒數週，中國隊沒有參賽。我們試著持續以平常心對待，但就像世界其他各地一樣，在比賽與訓練之外的時間裡，我們全都緊盯著二十四小時不間斷的新聞轉播，對正在發生的事情備感衝擊，也無法理解。

當我們抵達加拿大時，我的手也幾乎不痛了，所以我還是選擇出賽，再次套用這樣的邏輯：假如我能訓練十公尺跳水，應該也能在比賽中完成這些動作。整場比賽一開始就非常順利，我和格蕾絲贏得混雙三公尺跳水銀牌，落後加拿大雙人組。在個人十公尺跳水決賽中，我一度領先，但有一個轉體跳水動作犯了時間差的錯誤，最終掉到第五名。和我一起訓練的英國青少年跳水選手諾亞．威廉斯獲得了冠軍。這是他第一面國際賽事獎牌，我非常替他開心，但這也提醒我，一個錯誤的動作或是小傷都足以讓你輸掉比賽。事後看來，選擇出賽並不是個明智的想法，但不計代價想要跳水是我的本性。我知道如果自己沒有受傷，極可能會是那場比賽的贏家，這真是讓人非常惱怒。

我們都在想，這波疫情對我們的運動會有什麼影響。當時中國隊沒有出國比賽，而且看起來加拿大、法國及義大利在加拿大賽事結束後，都不打算參加幾週後在俄羅斯的喀山（Kazan）舉辦的下一場世界系列賽。我們都在猜測，如果奧運沒有這些國家的跳水選手參賽，會是什麼樣的局面。我陷入了天人交戰；沒有中國選手參賽，我贏得獎牌的機會將大幅提高，但我最終還是想和所有好手一較高下。這也是我一直以來接受訓練的目的。當我們看到世界逐漸停頓下來，每一場運動賽事都停辦，感覺奧運會延期或取消也是無可避免的。

當我們回到英國時，羅比開始有點咳嗽和流鼻涕，當時每個人都被要求，如果家裡有人出現任何三種主要的新冠肺炎症狀，就必須自我隔離。這導致我有兩週無法到泳池訓練。三月二十三日，也就是我可以回去訓練的前兩天，首相強生宣布英國進入封城狀態。那是難以置信的一刻，我一直在想，如果自己無法受訓，該如何參加奧運。我家裡有腳踏車與跑步機，但沒有任何重訓器材或其他設備能讓我持續當時的訓練水準。想到將連續數週無法待在泳池，我感到非常不安。那時中國似乎正解除封城。我不知道該怎麼思考這件事。

三月二十四日，我們聽到奧運要延期的消息。我感覺茫然又麻木。菁英運動員的圈子裡謠傳著奧運會將在那年晚些時候舉辦，在二〇二〇年十月，或是二〇二一年年初；最困難的部分是面對未知的情況，不知道會發生什麼事，會在何時發生。運動員喜歡控制與規畫，這是工作的一部分。顯然，等待像是為了人們的安全所做的小小犧牲。突然間，這個世界變成一個非常可怕的地方。

封城約五週後，我們得知奧運會延後整整一年。這在心理上很難接受。我在腦子裡將八月設定為精神上的終點線；這是我需要抵達的一個點，好讓我得以在巔峰時刻退出。我計畫在奧運後退休。對我來說，那是一個合適的時間點。我知道自己的身體無法再承受另一個四年的訓練，這感覺是個自然的結果。現在一切突然變得不確定了。我試過粗略規畫自己在奧運之後的生活，包括我們會定居在哪裡，以及我可能會做什麼工作，但此刻這似乎充滿了不確定性。我的腦海裡不斷出現許多疑問：我能這樣做嗎？我真的想這樣做嗎？我想要再過一年這種埋頭苦練的日子嗎？

經過幾天的心理拉鋸後，我的決定是肯定的，我是絕對想要再繼續的。這意味著再從事一年跳水運動，而這只能是一件好事。

和其他人一樣，我每天看著新聞標題，對發生在世界各地的悲劇感到震驚又悲傷。蘭斯和我都非常小心地避免自己染疫，我們有整整六星期足不出戶，就待在公寓裡，有時在陽臺上透透氣。我們外出採買都戴著口罩和手套，並且仔細擦拭所有帶進屋子裡的東西。我們做到滴水不漏，避免任何可能染疫的機會。我的母親每週會來照顧羅比兩天，當首相強生宣布封城時，她就和我們待在一起。如果她回普利茅斯，我們不確定她是否還能再來看我們，所以我們——蘭斯、羅比、我媽和我——一起在我們的公寓裡隔離。蘭斯繼續寫作，我在起居間裡努力健身，並做線上訓練課程。我媽在這裡，表示有人可以一直陪伴羅比，我們都非常喜歡有她在身邊。在家的優點是我獲得好多陪伴羅比的時間，這在奧運備戰期是不可能發生的，因為時間通常會被訓練營、比賽與其他準備工作填滿。現在我能看到他認識顏色、從一數到十，並發展其他能力，如果我不在他身邊，永遠無法看到這些。沒有待在泳池的這段時間，從許多方面來看，對我是件好事，它讓我的身體與心靈都有機會休息。

我做了許多不同的居家健身運動，在跑步機上跑步，並且做重量訓練來維持狀態。

我也花時間練習視覺化技巧，以幫助我預想我的跳水路徑。我每天都使用這個方法，反正我現在也沒辦法進泳池，在這段期間做這件事顯得格外重要。我在腦中想像跳水動作的每一個環節，感覺像是我從未離開過泳池。在封城期間每天這樣做，顯得更具意義，並能幫助我保持專注力和動力。

我也在羅比小睡或是上床睡覺時花很多時間編織。我從來無法坐下來看電視。我總覺得自己需要一直處於「正在做事」的狀態，洗衣、做飯或打掃都好，而在經過一整天的訓練後，我很難坐下來好好放鬆。就和任何父母一樣，我的腦海裡一直存在著一件我能夠做的事情。我在二〇二〇年去加拿大參加世界跳水系列賽的飛機上開始打毛線。最初是蘭斯建議我去學。他說很多演員與製片在片場等待時都會打毛線，好讓自己在休息時間能轉移對工作的注意力。我下載了一部 YouTube 影片，在飛機上嘗試跟著影片的步驟做。我的第一件針織作品看起來糟透了。我就是沒辦法搞懂該怎麼做。但我在蒙特婁的泳池邊，向也在編織的俄羅斯與澳洲跳板跳水選手學習，他們幫助我找到正確的起點。他們教我基本技巧，讓我的第二件作品看起來好很多。行程結束後，我也織好了一條圍巾。我對編織的痴迷在封城期間仍持續著，並且開始挑戰自己，像是完成一件亮色毛衣、毛帽等可以送朋友及他們小孩的禮物。這感覺是個讓自己靜心的好方法。編織是另一種讓自己專注、保持冷靜，以及放鬆的方式。它也強迫我恢復體力，真正地放鬆。後來我學會鉤針編織，現在就兩種織法換著用。這或許聽起來很荒唐，但我真的很開心發現了編織這項活動。對我來說，它出現得正是時候。

倫敦跳水隊在二〇二〇年六月底全員歸隊恢復陸地訓練，之後我們在七月回到泳池受訓。我很清楚，如果我們其中一人感染病毒，就很可能所有人都會被傳染。另外，我也了解長新冠後遺症（long Covid）的風險。我讀過關於持續數月的疲累與呼吸困難的報導，讓我非常畏懼。即使是最微小的因素，也能左右勝負。

因為是最年長也最有經驗的跳水選手，現在我成為隊上的「老大哥」，我覺得自己有必要樹立一個榜樣。不論心情有多糟，我都要笑臉迎人並繼續努力。我想帶出其他人最好的一面，包括我身邊的那些人。我想讓其他跳水選手了解，不論我感覺多糟，我們的內心都存在著能扭轉情勢的力量。如果有人度過了糟糕的一天，我會告訴他們，一個糟糕的訓練課程、悲慘的一週、痛苦的一個月，或是難受的一年，都無法定義你是一名什麼樣的跳水選手。我會跟他們說，一定要堅持下去，繼續跳水，並繼續努力訓練，最終就會達成目標。我覺得自己過去幾乎經歷了所有跳水可能會有的狀況。

我們總是試著要讓跳水與訓練是有趣的。我會像個傻子一樣跳舞、唱歌，或試著把訓練變成遊戲，讓它變得更具競爭性。我們經常相互取笑；我會試著以開玩笑的方式點出問題，並鼓勵其他選手對我做一樣的事。如果他們對我嘴砲（trash talk），我也會稍微還以顏色，如果我們的跳水動作很差，也會故意惹惱彼此。像是站得離跳板太近之類的事，我就會開玩笑說他們差點把自己的頭砍下來。我希望這能鼓勵每個人做得更好。我們也會在我不擅長的其他事情上練習競爭力。我們經常玩匹克球當作暖身，這個運動有點像網球、羽球及桌球的混搭。這能帶來更多平等感，要麼讓我應對困境，要麼讓我面對失敗。因為我們做許多不同的事，每天都有不同的贏家出現，這讓整個練習更有趣。

我們在訓練內容上，會盡可能把它轉變成競賽。對我們團隊來說可能會相當無聊，珍會幫我們打分數，做得好就有一分，不好不壞是零分，表現不佳則是負一分。

我們會加總自己的分數去和其他人做比較。我參加飛輪課增加心肺功能，並把歌單集結在一起，這樣我們在揮汗如雨的同時也能有開心的時光。或者我們甚至在訓練日模擬比賽，盡可能把自己的心態調整到最好。這能讓我們保持警覺。

夏天與第二次封城在各種訓練中咻地過去了。雖然染疫的風險一直存在，我還是非常享受訓練的樂趣，並和團隊其他成員玩得很開心。我知道我們非常幸運能回到泳池訓練，同時間卻有許多人的生活與工作面臨巨大的轉變。

在二〇二〇年除夕前一天的訓練課程中，我又再一次經歷了腦震盪，之後我繼續訓練了幾週。這和我在北京的經歷相似。我的雙手又沒抓好，造成側身受到撞擊，我被迫要停止泳池訓練一週。我沒有和其他人一起受訓，而是在健身房，完全和其他人分開。幾週後的一個週一上午，我開始訓練，卻覺得有點頭痛。我還是有點頭暈，但沒有把它歸因於腦震盪。我經常和葛瑞討論我的狀況。

隔天，頭痛仍然持續，葛瑞建議我做快篩（lateral flow test），以排除染疫的可能。檢測結果是陰性，所以我們決定暫緩訓練。理論上，我的腦震盪持續了幾週，所以我去做了腦部磁振照影，檢查是否有任何異常。因為我爸罹患腦癌，擔心和他一樣的恐懼一直存在。針對持續性舊傷，我們一般都會掃瞄檢查，但這次的結果是正常的。

我的頭不尋常地隱隱作痛，但我還是繼續訓練。到了星期五，我起床時喉嚨很痛，感覺就像有刀片插在我的喉嚨後面，但我仍維持平常的作息。我參加訓練時，又做了一次快篩，結果還是陰性。一兩個小時後，喉嚨痛的症狀消失了，所以我以為自己只是感染了某種病毒。我繼續進行腦震盪後的回場訓練，包含三十分鐘的有氧運動，並單獨做一些伸展運動，所以我那一整個星期都沒有見到任何隊友。葛瑞在傍晚的時候打電話來，他每天都打來確認我的腦震盪狀況是否有改善。

我告訴他：「我仍然覺得不對勁。我確定沒有染疫，因為我已經做了兩次快篩，但我現在筋疲力竭。我開始出現奇怪的咳嗽。」

他告訴我要隨時讓他知道狀況，然後就結束了通話。

把羅比哄上床睡覺後，我很快就感覺到不對勁。我的胸口沒有發疼，但突然間高燒不退，要麼感到冰冷，要麼感到炎熱。我的牙齒打顫得厲害，頭痛欲裂。自上次得肺炎以來，我還沒這麼難受過。每當我站起來時，就覺得天旋地轉，眼前出現刺眼的白光，像是要暈倒了，彷彿身體得不到足夠的氧氣。蘭斯必須扶我下樓去洗手間。

那晚要上床睡覺時，我非常緊張。我甚至向蘭斯確認，如果我停止呼吸，他是否知道應該怎麼做。我真的覺得自己可能會死。由於快篩結果為陰性，而且我知道二十多歲的年輕人通常都是無症狀——他們可能只是失去嗅覺與味覺，但沒有受到嚴重影響——我覺得自己一定有很嚴重的胸部感染。我把自己能服用的止痛藥都吞了下去，下定決心隔天去看醫生。

一整夜睡睡醒醒，我起床後發現自己滿身大汗，只能無力地癱在沙發上。我又做了一次快篩，結果仍是陰性。就我所知，我沒有接觸過任何染疫的人；就和其他人一樣，我的生活完全簡化了，只在泳池與家裡兩個地方往返。我戴著口罩，勤於洗手。我沒有去其他地方。我的體溫還是非常高，而且喘不過氣，沒辦法說一句完整的話。爬樓梯就像折磨。我撥了緊急醫療專線，他們告訴我要做聚合酶連鎖反應檢測（Polymerase Chain Reaction，簡稱ＰＣＲ）。最近的檢測中心距離我家是一．五英里，但我們沒有車。步行到檢測中心看起來不太可能。我的咳嗽已經嚴重到讓我無法好好說話。我訂了一組居家檢測套組送來家裡，但我的狀況仍持續惡化，突然覺得自己染疫的可能性非常大。那時我全身骨頭都在痛，而且咳得很厲害。我的肺感覺受到壓迫，像是上面壓著幾袋米。我必須去一趟檢測中心，搞清楚到底是怎麼回事。我以極緩慢的速度走到那裡，盡量避免接觸任何人。回到家後，我覺得自己好像被壓路機輾過。我在八小時內收到了確診的訊息。

接著蘭斯開始覺得不舒服。他遭受過肺炎的痛苦，所以非常害怕新冠病毒。我們非常擔心，若我們兩個都生病，就無法照顧羅比。我有幾天覺得自己的病情開始好轉，但接著咳嗽又變嚴重了。我的頭感覺像被一隻老虎鉗夾住，血氧濃度也一直往下掉。

我撥了緊急醫療專線，他們派了一位醫護人員來家裡檢查我的狀況。考慮到我有肺炎病史，以及一些證據顯示新的病毒株會在原先感染的基礎上造成胸腔感染，他們決定讓我入院。因為染疫而搭救護車去醫院的感覺十分可怕。我的心情很矛盾：一方面，我覺得很糟，因為我知道英國國家醫療服務系統（ＮＨＳ），特別是我居住的倫敦地區，已經無法招架病毒了。我很清楚自己病得很重，而且那時候是週六晚上，我必須等到週一才能和醫生交談。我沒有想過自己會死，但我知道病情可能會突然急轉直下。我很害怕自己是否會被戴上呼吸器，並且說我大限已到。我真的害怕極了。醫護人員做了血液檢測與胸腔 X 光。我的肺部有許多斑點。我在醫院待了大約十小時，監測我的血氧濃度，並提供氧氣讓我增加含氧量。等狀況穩定後，他們就送我回家。

這些日子就在疼痛與高燒中度過。這就像某種傳播快速的超強流感。蘭斯沒有像我這麼嚴重，但他也有幾天覺得非常難受。羅比則沒有任何症狀，我們盡可能替他找樂子，把部分看顧工作外包給迪士尼串流平臺，這真的大大緩解我們的壓力，雖然我們之前從未讓他有過螢幕時間。

從醫院回來三天後，我的病情開始好轉。隨著日子一天天過去，我感覺好多了。那種一切終於結束的解脫感非常強烈。感覺像是跑了一場馬拉松，而我在心理上希望盡快把這一切拋諸腦後。讓我感到沮喪的是，其他年輕人只為了自己的隨心所欲而不遵守防疫規定；當然從我的例子也可以看到，會不會感染病毒有點像在玩俄羅斯輪盤。我沒有隱疾，而且發病前的體能狀態正處於顛峰。沒有人知道會發生什麼事。這讓人覺得自己十分卑微。

一旦隔離期滿，並持續幾天完全沒有症狀，我就能回去訓練。我迫不及待想回去，但也被提醒不要把自己逼得太緊。我被要求做一系列測試，然後在訓練期間戴著心律監測器，所以我只達到最大運動量的某個程度而已。就如同我的跳水運動的任何部分，都存在著平衡性；什麼時候可以推進，什麼時候不適合推進。我想做的就是不斷推進、推進、推進，但我知道這樣做可能反而讓自己退步。

恢復期是讓我身心都能休息，並停止過度掌控的好時機。我認為身為人類，特別是運動員，總有一股強烈欲望想掌控一切，並覺得自己「必須」做某些事。但最終並非一切都能在我們的掌控內。當事情出乎意料時，你無能為力，當我發現自己的PCR結果是陽性時，我知道只能接受這個結果。因為它是新冠病毒，不同於其他病毒，我有可能在完全準備好要回泳池訓練前就復原。

我的鬥志仍然高昂。無論是之前手骨折，或是這次染疫，我知道自己有足夠的時間復原，而這不會影響我在奧運奪牌的機會。如果這件事是發生在其他時刻，我可能就會恐慌，並且認為比賽會更困難。我必須相信整個過程，堅信自己能夠恢復並回去比賽。我花了很多時間做視覺化訓練，讓自己保持動力。

當英國進入第三次封城時，游泳池不開放給大眾，但我們非常幸運被允許能繼續在那裡訓練。我們必須調整訓練行程，但如果那段時間沒有在泳池訓練，就不得不告別奧運。最奇怪的是，整座體育館一片漆黑，他們只幫我們的訓練區域開燈。只有一名救生員會待整天，整個團隊成員分別在體育館的不同區域進行訓練。

身為運動員，我們是為了比賽接受訓練，若沒有即將到來的比賽，那段期間會覺得訓練永無止境。要集中那股動力，讓我們能像參加國際競賽那般竭盡所能去努力，真的非常困難，尤其是當我們知道中國菁英跳水隊因為被集中隔離而彼此競爭以維持動力時。這是一個非常發人深省的想法。

那時我們被告知奧運確定會在二〇二一年的七月和八月舉行。這個消息最終在二〇二一年三月確認，而且不會有來自海外的觀眾。知道奧運確定會舉行時，我鬆了一口氣，如果比賽繼續延期，我不確定自己是否還能維持同樣程度的動力。沒有海外觀眾讓人有點失望，但不是一個巨大的衝擊，畢竟國際旅遊禁令已經實施一段時間了。我一直期待家人陪我參賽，但我從正面的角度看待目前的狀況；過去，我總覺得要在比賽期間和他們碰面非常困難，因為在安排上存在一些挑戰。現在這種情況至少能讓我完全專注在比賽上。

我們盡量營造出真實比賽的氛圍，並在二〇二一年四月初與加拿大進行了一場虛擬賽事。這場比賽花了一些力氣籌備，分散於世界各地的評審即時回傳他們的評分，並向觀眾提供線上直播，在沒有現場觀眾或任何比賽氛圍的情形下出賽真的非常奇特。但這樣的比賽很有趣，也有些特別，跳水隊成員盡可能大聲地為出賽的隊友加油，但無論如何這都和一般比賽不同。

原本四月底在日本會有一場奧運前的比賽，最終還是改期到五月初。當時許多國家實施封鎖措施，英國也只允許必要旅行，很難想像他們要如何讓二百四十名運動員及五十名教練聚集在泳池畔，使用同一座體育館，在同一個空間裡安全地一起比賽。直到比賽前幾週，我們才被告知比賽確定會舉行，而我們也全力準備中。在超過一年的時間裡都與同一群人一起跳水，在奧運前出國去比賽的期望，絕對達到了歷史新高。比賽最初被取消時，我是有一點受到打擊，但對我來說並不是特別驚訝——當比賽再次恢復舉辦時，我還半信半疑地想著我們是否真的能出賽。這在某種程度上影響了我的動力，因為一切都還不確定，沒有一個確切的比賽日期是很難保持專注的。但我知道自己必須在備戰期就為比賽做好一切準備。不知道會發生什麼事，感覺像是最大的擔憂，我也很清楚，能夠應對這種心理壓力並持續努力的人，才會在比賽中有最好的表現。

經過幾個月的訓練後，我感覺非常好。我的狀態恢復了。我的跳水表現是穩定的。在沒有比賽的這段期間，我做的其中一件重要事情是視覺化我的跳水動作，但不僅如此，我也想像比賽進行得很順利，而自己在任何一場國際比賽中都能精準地做到自己想要的跳水動作。我看到了評審，聽到了現場的雜音，聞到了泳池的氯氣味，還摸到了我的吸水毛巾。你必須感受到一切，並在腦海裡演練那個最完美的結果。當記分板上都出現滿分十分，當我找到自己的節奏，當珍在泳池邊大聲歡呼並幫我加油。如果你能如此仔細地去想像一切，我真心相信你能讓它們成真——我喜歡把自己的潛意識大腦想成是一架自動導航的火箭，會朝著設定好的目標前進。我回想起幼時畫了自己在二〇一二倫敦奧運會上倒立的畫面；長久以來，我一直想像著自己贏得金牌，這已成為我一直努力訓練的動力，好讓這個夢想成真。

如果我在腦海中想像自己的跳水動作，確切地知道怎樣才能做到最好，這就能激勵我努力達到自己想像中那樣好的程度。這就像是為我自己做了最好的心理暖身。我們都會以圖像思考，即使在封城期間，我染疫了，全身無力地癱軟在沙發上時，仍然會閉起雙眼，想像自己正在做那些跳水動作。我知道自己會在某個時間點回到泳池，這驅使我、激勵我去做這件事。這就像是一卷心理錄影帶，如果沒有每天播來看，我知道自己再次回去訓練時，會有一段很長的路要走。贏得比賽就像是想像自己勝利的自然延伸。

在經歷過腦震盪與感染新冠病毒後，我有時候會對無止境的訓練、缺乏旅行與正常比賽年的高低起伏，感到困擾。有些日子感覺是如此艱難又具挑戰性，我常常只想和家人在一起。但我仍繼續冥想，好好照顧自己，並保持專注——我知道自己離終點很近了。那是觸手可及的距離。我付出了一生的努力，就是為了抵達那裡去圓我的奧運金牌夢。我不能放棄！

Optimism

樂觀

投入數十萬小時來磨練技巧與調整體能，確實能夠帶來運動方面的成功。但多年來我了解到，練習只能讓我維持在某個程度。能帶來最大改變的關鍵，一直都和我的心理狀態有關——我有多少決心、毅力、積極與樂觀。我深信心靈是最有力量的工具，也是人們和世界頂尖跳水選手正面對決時，能脫穎而出的重要因素。其他一切都能完美到位，但如果你對結果並未抱持樂觀的態度，就不會成功。如果你認為自己會贏，任何事都有可能。

隨著二〇二一年夏天的到來，我開始意識到，在延遲一年後，我很快就要參加另一屆奧運會了。在超過一年沒有參加任何比賽的情形下，我對參加奧運感到忐忑不安，所以我很期待能在五月份的日本世界盃比賽中，獲得一些特別需要的練習。我必須在跳水比賽中背水一戰，因為這也是奧運的資格賽。我已經確定自己在奧運的參賽名單裡，所以另外兩名英國選手應該會爭取第二個席次，但我對於五月底可能會取消歐洲盃錦標賽感到緊張，這會讓我在奧運比賽之前沒有國際賽事可以參加。我知道如果我想讓自己有機會在奧運會上表現出色，就必須參加這場比賽。這件事後來交給一個跳水小組決定，最後以三比二的票數讓我出賽。經過許多次「我們會不會去？」的時刻，並且被困在倫敦超過十四個月，最終登上在跑道上滑行的飛機時，才終於放下了心裡的大石頭。

日本的防疫措施涵蓋範圍很廣，而且執行得非常嚴格。在我們所住的飯店裡，所有餐點都送到我們房間裡，我們從房間被護送去搭電梯，和我們的國家隊一起下樓到游池訓練，同時間只會有另外一或兩隊一起訓練。進行訓練時，在跳臺上必須保持社交距離，有獨立的陸地訓練時間可以讓我們洗澡換衣服，每個人都戴著口罩，座位分散開來。然而，為了比賽付出這些小代價很值得，我們很快就適應了這樣的規定。幾個月後能在奧運會的泳池中和其他選手一較高下，尤其重要。我在泳池裡非常自在且放鬆。有的游泳池會有大片窗戶，耀眼的陽光直接照進來，或是會有很大的螢幕，一直在你視線內顯示你的臉。舉例來說，倫敦水上運動中心就有非常明亮的光，並有波浪狀高低起伏的天花板，需要花時間熟悉適應。這座泳池和倫敦水上運動中心有著類似的結構設計，但是會讓人分心的地方比較少；螢幕就像籃球賽事的電子螢幕那樣朝向外面，你永遠無法看到它們顯示什麼，燈光也不刺眼。我是個極度謹慎小心的人，所以對我來說這是件好事，這意味著我能夠完全專注在跳水，而不是周遭環境。

世界盃錦標賽是我近幾年參加的第一個完全沒有觀眾的比賽；讓我想起第一次參加奧運會之前，二〇〇五年與二〇〇六年在英國參加全國錦標賽，當時沒人來看我比賽。場上的其他參賽者與他們的教練是唯一的觀眾，當你冒出水面時，他們的反應就是對你的跳水表現最真實的回應。如果你表現不佳，場上不會有人為你喝采，如果你浮出水面時聽到歡呼聲，就知道自己剛才跳得很好。這感覺好極了！在參加這些奧運前的比賽時，我並不知道這群參加早期賽事的人們，會和二〇二〇年東京奧運的參與者幾乎是同一批人。儘管沒有觀眾的鼓譟加油聲，我很感激有再次跳水的機會。

我會和搭檔馬堤·李（Matty Lee）一起參加雙人跳水競賽，我們從二〇一八年就一起合作至今。馬堤是一個排名急速上升中的單人跳水選手。他特地學了一個新的跳水動作，就是為了和我一起參加雙人跳水競賽；我們兩人搭檔就是希望能取得參加東京奧運的資格。為了和我及其他菁英跳水隊成員一起受訓，馬堤特地從里茲搬到倫敦。我們在每天的訓練下變得很合拍，很快就開始互開玩笑說對方是「工作時的丈夫」。

馬堤是那種經常在腦子裡想很多事情的人，在這場比賽之前，他沒辦法在每次的跳水中完全看見水面。然而在這場比賽裡，他有了突破。他成功掌握了「定位」的技巧，並且越來越穩定。我們找到了自己的節奏，也輕鬆地領先了墨西哥與加拿大的雙人組合。在整場單人賽事中，我一直都很平穩，並贏得了第二面金牌。在每場比賽後，都會有一些我想處理的細節，但整體來說，我非常滿意自己的表現。

這場比賽結束後，我們立刻飛去布達佩斯參加歐洲錦標賽。我感到疲憊不堪，過去一整年幾乎都待在家裡，此刻我非常想念蘭斯與羅比。我們歷經三十個小時的長途飛行才抵達比賽場地，並且只有幾天的時間得以恢復元氣與調整時差。這並不容易，我感覺自己要生病了，開始出現耳朵感染的症狀，所以我服用了抗生素。這不是一個好的開始。

在男子雙人跳水項目，馬堤和我的對手是俄羅斯組合，亞歷山大．邦達爾與維克托．米尼巴耶夫，他們沒去過東京。和他們比賽真的逼出了我們的潛力，最終我們取得了個人最佳成績，總分四七七．五七。這是我第一次在歐洲錦標賽拿到金牌，看到自己在封城期間所做的努力有了回報，感覺真的非常棒。

在個人賽事裡，我取得自己職業生涯以來的最高單場得分——我的四圈半前空翻拿到一〇九．一五的高分——但由於疲累，我其中兩個跳水表現不佳。最後一跳，我最多只能拿到一〇八分，但居於領先的邦達爾比我多了一〇八．一五分。即使我全場都拿十分滿分，也無法超越他。我決定在最後一跳用盡全力拚搏，最終拿到銀牌。整體來說，我很滿意這個比賽結果；我知道自己需要做的是在奧運前做些微調與加強，並將這些比賽視為寶貴的學習機會，尤其是在遠離四處征戰的比賽行程這麼長時間之後。

儘管能離開倫敦參加比賽讓我非常興奮，但我更開心能回家；這是羅比第一次意識到我出遠門不在家，我想早點從托兒所接他回家，但學校已經安排去倫敦眼（London Eye）的校外教學行程，我只好再忍耐幾個小時才能看到他。看著他意識到我回來時那開心得發亮的小臉，感受著他溫暖的雙手環抱我的脖子給我一個大大的擁抱，那感覺真是太美好了。他笑得合不攏嘴，我也是。不在羅比身邊真的非常難受，但知道未來的每一趟旅程都會化成這樣圓滿的團聚，就感到非常安慰。在之後的幾天假期裡，我可以好好陪伴家人。

在歐洲盃錦標賽結束後不久，其中一位教練決定舉辦一個正念工作坊，我們所有人都一起冥想。在二〇二〇年第一次封城期間，我膝蓋裡的部分軟骨有撕裂傷，但感受不到疼痛，所以我就繼續訓練。從那時起，我每次屈膝時，膝蓋就會發出咔噠聲，但這並沒有為我帶來什麼嚴重的困擾。在參加這個工作坊的某次冥想課程之後，我站起身時，膝蓋居然沒有發出聲響。我心想：「真是怪了，膝蓋是不是已經好了？」

但當我開始走動，膝蓋變得越來越緊，像是一顆被旋緊的螺絲。最後就僵在一個位置上，我完全無法伸直或彎曲。我並不覺得痛，但膝蓋能活動的幅度縮小了許多。

隔天早上我醒來時，發現自己幾乎無法動彈。

「沒事的，我只是需要多花點時間暖身。」我一如往常樂觀地向自己喊話，希望膝蓋能鬆開。我開始做些重量訓練，以為自己能和其他人做一樣的運動，結果並非如此。

我告訴葛瑞：「我的膝蓋不太對勁。」只有在我覺得可能會出事時，才會這樣跟他說話。

幸好羅浮堡（Loughborough）是一個很大的運動中心，所以現場有醫生。我們去找一位醫生，他幫我做了檢查並預約斷層掃描。我們以為只要打針就能讓膝蓋再次正常活動。醫生還提出了可能需要做微創手術（keyhole surgery）。

我從訓練中心被送去做全身磁振造影。在你的膝蓋裡有兩塊骨頭及一片叫做半月板（meniscus）的軟骨，半月板位在兩塊骨頭中間，扮演著避震器的角色；這就是我在二〇二〇年造成的撕裂傷。從斷層掃描上可以看見我的軟骨不只有撕裂傷，還整個掀起來，並且關節位置下移，壓在軟骨上面。他們稱這為「桶柄狀撕裂」（bucket handle tear），因為半月板的一部分被拉開，形成一塊手柄狀的組織，這就是我的膝蓋無法伸直的原因。它可以被壓平並重新縫合，但外科醫師形容這就像一張彎曲的信用卡，可能又會斷掉或是有更多問題。唯一可以解決這個問題的方法是把它切除。

醫生說：「恢復期大約是四至六週。」

距離奧運還有八週。

我知道自己必須有所行動。所有的手術都有風險，而這個手術的風險是會增加膝蓋得到關節炎或是變得麻木的機率。他們問了我好幾次是否想要進行手術，因為他們知道風險很高，但距離我為其努力了五年的奧運只剩幾週的時間，而現在膝蓋無法彎曲，我別無選擇。我的膝蓋總是以奇怪的角度彎曲著，讓我幾乎無法行走，更別說跳水了。如果不動手術，我是不可能參加奧運的。儘管手術有風險，我並沒有特別焦慮或擔心。我深吸了一口氣，同意動手術。

相較於若我是早年面對這類手術可能會有的慌張，現在我反而能正面看待：在所有需要動手術的膝蓋運動傷害中，半月板撕裂已經是最好處理的。顯然地，這是在足球員身上常見的運動傷害，他們完成手術後，一兩週內就能恢復並在球場上跑步。在奧運開始之前我還有一點時間做術後恢復——這並不容易，但我樂觀地相信自己能挺過這個挫折。

我去倫敦著名的 Fortius 運動醫學診所找這方面的權威安迪．威廉斯（Andy Williams）醫師諮詢，網球選手安迪．莫瑞（Andy Murray）的膝蓋手術就是由他執刀。我知道我是把自己交給了專業又具豐富經驗的醫師。我並沒有花太多時間去思考我的決定，在三十六小時內我就接受了微創手術，將半月板受損的部分切除。手術只花了二十五分鐘。我一直努力在膝蓋角度不對的情況下入睡，所以當我在手術結束後睜開眼睛時，看到膝蓋終於可以正常休息，大大鬆了一口氣。

當我走出手術室時，感覺不到任何疼痛。我下定決心要盡全力復健，我知道自己擁有所有的支持與幫助。在經過幾天的休息後，我開始使用像是飛輪與冷療機等不同設備來幫助我恢復體力。我去了泳池，做了許多上半身與核心運動。想當然耳，在帶傷的狀況下訓練，絕對不會是理想的，特別是這麼接近重要比賽的時候，但我開始將已經發生的事情視為好事，因為它強迫我慢下來。最大的誘惑會是從布達佩斯回來後馬上將自己的身體操練到最強模式，試著在東京賽事有最好的結果，但我曾在里約奧運做過這樣的事，結果在比賽前覺得身體非常疲累。這次我別無選擇，只能休息。

經過這些年我了解到，對我而言，比賽結果從來不會和我在賽前做了多少個月的訓練有關。結果一直和我腦袋裡的想法有關。如果我的心態正確，就會有很好的跳水表現，並深信自己擁有一切獲勝的機會。在養傷期間，我無法跳水，但我還是會走上十公尺跳臺並想像自己完成跳水動作，這感覺彷彿我真的在跳水。我想像自己在空中起跳，並消失在水下，記分板上都是滿分十分。我知道樂觀是我能快速復原的有力預示。我不會讓任何事情阻止我微笑向前。

手術過後幾週，我回到泳池，重新恢復跳水。我從十公尺高臺跳水，練習我的個人跳水動作，並和馬堤一起練習同步跳水動作。有一天，艾烈希來看我們訓練，我決定為他完成我的比賽預演，這是我手術以來第一次這麼做。

「湯姆，你做得好極了，這樣就夠了。現在停止訓練，你已經準備好了。」他對我說。

「嗯，但這是我第一次做完這些動作。」我笑著告訴他。

這個結果讓我知道，我為了讓自己復原所做的一切努力——維持健康體態、吃好睡好、做預視跳水練習並保持積極正向的態度——真的有效。我知道我已經竭盡所能地給自己最佳的機會，在這場比賽中實現我想要的一切——現在我只需要到達比賽現場。

出發去日本的前一個月，我們花了幾天時間模擬賽事布局，包括模擬個人賽事的預賽、準決賽及決賽，還有賽事每個階段之間的時機點掌握與恢復，這包括按摩、腿部加壓和冰浴。這是一個非常實用的演練，能知道自己在比賽的不同階段間各有多少時間，以及可能會有的感覺，並測試不同的膳食與恢復課程。我有一些賽事表現並不理想，但我開始將這些練習課程視為對自己有幫助的好事，即使它們並沒有按照我的計畫進行。你當然會想要竭盡全力，並讓一切都完美，但如果你不犯錯，怎麼學到東西呢？在離開英國之前的四個星期裡，我們每週都完成一次賽事預演，所以我知道自己有機會在下一次更進步。

有一天，我的跳水表現特別糟糕，羅比對我說：「爸爸，沒關係，你明天可以再試一次。」

說得對極了，小傢伙！這就是我能做的事。

在同步跳水訓練中，馬堤也有一些不是那麼順利的日子，但我一直覺得，當訓練開始給人永無止盡的感覺時，那些糟糕的預演給了我們兩個都需要的那股推力。

我們也開始更頻繁地分析我們的身體組成；我很滿意自己的狀態——我的體脂

大約在五至六%之間，感覺輕盈且準備就緒。很重要的是，我的身體狀態不變，體重一直到比賽當天都保持穩定，而不是在比賽前一刻一下子掉太多體重。即使輕了一公斤，都意味著我在空中的動作會有所不同。

出發前幾週，我們從進行大量陸地訓練（包含重量與體能訓練）的繁重訓練期，進入到所謂「巔峰」期，這個階段我們減緩強度並做更多有氧與快速運動的訓練。這樣做是為了讓我們的身體完全做好準備，隨時可以出賽。

當我開始打包行李準備出發前往東京時，感到一絲憂慮不安。經過長達五年的訓練，突然間奧運就在我眼前。奧運很快就會結束，而我還有點無法置信比賽終於要舉行了。

我還沒有打開配備服裝發表日那天拿到的裝備，所以再次把每樣東西都拿出來看，並決定我要帶什麼去東京，這很有意思。我也花了一些時間決定要帶哪些毛線。我想織一些和奧運有關的作品，最後決定織出屬於我自己的英國代表隊羊毛衫。我知道這會讓我在奧運期間不出賽時，或等待出賽時，保持忙碌與冷靜。

最終公布，由於日本境內確診案例激增，東京將在整個奧運期間實施緊急狀態以對抗病毒，所以將不會開放觀眾進場。無法從群眾中獲得能量會令人傷感，但好幾個月來，都在空蕩蕩的看臺前跳水，突然要在數千人的注視下表演，感覺也很奇怪。這樣的情境將完美呈現我一直所處的訓練與比賽環境。

我們原本要在比賽前去南韓參加訓練營，但訓練營最後是在倫敦舉行。因為蘭斯到加拿大工作，於是羅比去和我母親住。和羅比說再見很難，但我知道他正踏上自己的冒險之旅。我們的計畫是讓我媽和羅比在普利茅斯與其他家人相聚一段時間，然後飛到加拿大和蘭斯一起看我的比賽。

訓練營結束後，我們在倫敦水上運動中心辦了一場歡送會，然後一起被送上飛機。聽說和我們分開訓練的其他跳水隊有人染疫，真的讓人非常緊張。我們一直都有被告知要隔離或是匡列的風險，但我們仍然要繼續訓練，並期待最好的結果。這個陽性的篩檢結果清楚地提醒我們，病毒一直離我們很近，但我也知道我們正盡全力不讓自己染疫。

我打包好行李，飛往東京前先在倫敦進行最後一次訓練課程，接著我便開始放鬆並全心全意地讓自己快樂。先不說其他事，我還幫馬堤除胸毛，結果他一直大叫，搞得傑克和丹尼爾都跑進來看到底發生了什麼事。

我們被允許在賽事開始前五天抵達東京，並且必須在完賽後四十八小時內離開。我會幾乎待滿整場奧運會，因為雙人跳水項目是在奧運開始後幾天進行，而我的個人賽事則是排在倒數第二天。

就和之前的奧運差不多，每個國家的運動員宿舍位於選手村的不同角落，有三百七十六名運動員的英國隊，和教練團共同占據了一整個區域。我和另外五位英國代表隊的男子跳水選手同住一層公寓，並和馬堤共用一個房間。公寓裡有一個能看到無敵美麗海景的陽臺——我們丟銅板贏到最棒的房間。這個選手村也和之前奧運的選手村很像，只是多了無數告示提醒我們和防疫相關的注意事項，並且每個人都戴著口罩。我們必須戴上塑膠手套才能在大食堂裡用餐，裡面的每個座位都以塑膠隔板隔開。我們還必須每天吐口水在一個容器裡，將唾液拿去做抗原檢測。

我們在遠離其他國家的情況下，進行自己的訓練，能回到以奧運五環裝飾的泳池，讓人感到非常興奮。我會在休息時間盡量多和羅比視訊聊天。我非常想念他，但也努力讓自己不要因為沒有陪伴他而感到愧疚。我知道，如果自己在這裡盡全力比賽，也是在為他和我們的家努力做到最好。

朋友們送了一份禮物給我，讓在我抵達東京時打開。他們做了一本剪貼簿給我，裡面貼滿照片、留言、遊戲，甚至是真心話大冒險，還有他們製作的音樂播放清單。他們貼了一張標籤，是從要等我回家之後一起暢飲的伏特加酒瓶上撕下來的，他們知道我已經很久沒喝酒了。這是一個非常特別的禮物，讓我能想起家裡的一切。

我也開始織起我的奧運羊毛衫。一開始，我把五色環的顏色織錯了，所以我必須拆掉再從頭開始。但這至少讓我除了訓練有額外的事情可以做。編織是一件讓我集中注意力的事情，但更重要的是，它能讓我的身體在沒有訓練時得以休息。當其他跳水選手晚上在公寓裡玩電腦遊戲時，我就沉浸在自己的世界裡做棒針及鉤針編織。

因為我們來自高風險國家，所以必須經過三天的單獨訓練後，才被安排和美國與中國一起訓練。能和中國隊一起訓練是件好事，因為我們真的很久沒有見到他們了。他們的跳水表現一向穩定，但這是意料之中的事。

奧運開幕典禮那天我們一起盛裝打扮，發表了一場歡迎掌旗手與運動員出場的演說。那天，我們跳水，並看到部分彩排，有雷射燈光特效；整個氣氛正開始醞釀。我們知道，如果觀眾們能入場，整個氣氛一定會更好，但我再次正面思考：泳池周遭安靜多了。對馬堤和其他第一次參加奧運的選手來說，在一大群喧鬧的觀眾面前跳水，其實承受著很大的壓力。疫情讓每個人的世界都變小了一些，我們也不例外。

雙人跳水項目是在奧運的第三天，所以我和馬堤沒多久就開始準備比賽了。不像個人賽事在決賽之前有預賽及準決賽，雙人跳水項目就是直接進到決賽。我們在雙人跳水項目奪牌的機會實際上只取決於在空中那短暫的幾秒鐘。

隨著雙人跳水競賽的日子越來越近，有時我深夜躺在床上，心跳會開始加速，想像著各種結果。我將自己過去五年積累的所有心靈成長經驗集結在一起，想像正面的結果。在健身房裡，我發現自己達成並超越了所有的能力指標。非常難以想像，就在幾週前，我還在手術室裡；我非常感謝我的體能教練，與我身邊的團隊。我一直和家人保持連繫，很開心聽到我媽和羅比已經平安抵達加拿大的卡加利（Calgary），和蘭斯團聚。和丈夫與兒子說話，讓我感到更樂觀與放鬆。

看著女孩們走出去參加雙人三公尺跳板競賽，我感受到一股巨大的興奮感、快樂及激情湧上心頭。當我意識到在經歷過去這十八個月後，能到這裡比賽是一件多麼幸運的事情，淚水無預警地爬滿了我的臉。我知道自己必須樂在其中，並享受在這裡的每一刻。

觀看女子賽事時，我非常緊張——我一直相信，站在跳臺頂端，掌控接下來的短短幾秒鐘，比在場邊觀賽輕鬆許多。在每一場賽事之後，總會同時看到興高采烈跟心煩意亂兩種表情。場內充斥著各種情緒，並能明顯感受到能量。有純粹的喜悅和興奮的時刻，也有失望和極度沮喪的時候。這所有的情緒與感受，我以前全都經歷過，但我也清楚，不論發生什麼事，生活還是會繼續。我已經與我自己及我曾感受到的壓力和解。我從未像此刻如此確定自己已經準備好了。

雙人跳水競賽那天，我聽到馬堤整晚窸窸窣窣地，努力嘗試入睡。總的來說，我認為我們兩個都睡得很好。我們做了唾液檢測後就前往大食堂，結果發現自己和英國蛙式游泳金牌得主亞當．佩蒂（Adam Peaty）一起吃早餐。當天，他的比賽比我們早一點。

「好吧，我們出發去拿幾面金牌回來吧！」他笑著對我們說，起身準備離開。我們的表情都嚴肅了起來。

比賽那天的到來，感覺超不真實，但我還是保持樂觀並冷靜沉著；這麼說或許非常奇怪，但我覺得那天是屬於我們的日子。從我們一起跳水開始，就一直夢想著在這場賽事裡大獲全勝。

在泳池暖身的時候，我和馬堤並沒有對彼此說些什麼。我們很清楚自己該做什麼，並按照計畫行事。珍對我們會奪牌這件事有十足的信心，我與她之間的關係感覺和在里約奧運時期很不一樣。我們一起克服了歧見與高低潮，達到了互相了解、互相信任，以及一種完全投入的狀態。

輪到男子比賽時，我們必須在等候區裡待命，馬堤告訴我，無論結果如何，他覺得過去三年和我一起受訓，是他生命中最美好的三年；他說我教了他很多，他非常感激。這是一個非常特別的時刻。我或許教了他很多，但他也教了我很多。他總是從容不迫、有條不紊，而我總是想快馬加鞭完成所有事情。他是個按部就班的人，向我展示了耐心的重要性，以及放慢腳步的優點。他花了一些時間適應東京的環境，在選手村的頭幾天覺得壓力很大，但之後就完全接受了挑戰。

出場前，我們必須在大螢幕後面等待。通常只需要等幾分鐘，但這次等了八分鐘。那感覺是我一生中最漫長的八分鐘。

當我們的名字終於透過播音系統播放出來時，我們走出來，聽見英國隊支持者與來自世界其他各地的人們的加油吶喊聲。這和滿場觀眾的奧運會完全不同，但感覺是十分特別的。這次的奧運比賽充滿著同袍情誼，你不會只幫自己的團隊或自己國家的參賽選手加油，而是幫所有人加油。每一位運動員、每一位教練，以及每一位團隊成員，對於能到這個地方比賽所需要付出的巨大努力，都會有自己獨到的理解，這點絕對值得喝采。

我們的出賽順序是隨機選擇的，最後確定我們是第五組跳水隊伍，排在俄羅斯奧會代表隊與中國隊的前面。這對我們來說是最完美的起始位置，能給這兩個我們視為主要競爭對手的國家隊壓力。我們的第一跳非常穩定，入水乾淨俐落，而我們的第二跳可能是有史以來表現最好的同步跳水。我們最後拿下一〇七·四分，是我們兩個指定動作第一跳的最高分之一。那個階段我們是暫居銀牌的位置，僅落後奧運雙人跳水冠軍的中國隊四分。

我對我們的第三跳非常謹慎，這個動作是向內三圈半空翻抱膝跳水，因為我曾在訓練時旋轉過度，為了確保自己垂直入水，我就稍微放掉了一些同步動作。我們的第四跳，是向後三圈半空翻屈體，這是一個難度系數高達三．六的動作，我們完美達成，並得到滿分十分，這開始給中國雙人組陳艾森及曹緣越來越大的壓力。他們就是在這個時候犯下錯誤並開始動搖，而我們就以六分的領先升上了金牌的位置。第五回合我們以八．五分及九分的成績穩定地保持領先，但我們和中國隊之間的差距並不大。我們知道最後一跳必須玩大一點——高難度的四圈半前空翻抱膝。我知道我們可以表現得很出色，也能應對這樣的壓力，我們這一跳就像在倫敦時只有珍和救生員看著我們那樣。我們完成了一個很棒的跳水動作，拿到了一〇一分。

那一刻，我們很確定自己能拿到銀牌，因為位居銅牌的俄羅斯奧委會雙人組，無法追上我們的成績。我們很快地算出落後我們兩分的中國隊必須得到兩個九．五分和一個十分才能打敗我們。他們之前曾經做到過，並且在那天得到了一些很好的分數。我們很清楚，不論結果如何，絕對要到最後一刻才會見真章。

我和珍與馬堤站在泳池邊，感覺時間被拉長了；在等其他雙人組完成跳水時，就像是看著錄影帶中慢動作的自己。

在最後一跳，陳艾森與曹緣幾乎沒有濺起任何水花就消失在水面下。

我們能期待的就是，當他們的分數出現在計分板右下角時，會顯示「第二名」，而我們成為「第一名」。冠軍。

我們直盯著記分板，等待著出現優勝者的名字。

這是我一直以來的夢想，而我從未真的讓自己相信這個夢想會成真。

然後它就實現了。砰！

中國隊落到了第二名。

我們是奧運冠軍！

我們能做的就是歡呼與擁抱。馬提把我舉起來，珍也過來加入我們的擁抱。那感覺像是所有開心的情緒大集合，然後再放大一千倍：歡樂、驕傲、興奮、開心、解脫、滿足、救贖。

隨後，其他隊友都跑來泳池邊擁抱並恭喜我們；有人甚至太過興奮，把我的下巴抓到流血，但我一點也不在意。場邊充斥著歡呼、興奮、祝賀與不可置信的各種聲音。

我立刻打給蘭斯，我們兩人都一直在說我做到了。我成為奧運冠軍了！

走到頒獎臺的路上，我發現自己沒有戴著婚戒或奧運戒指，所以我跑回去拿，禁藥管制組織與奧運主辦人員緊跟著我，最終我戴上了戒指。

站在頒獎臺頂端，看著英國國旗緩緩上升，並聽著國歌播放，真的非常不可思議。我非常開心能和其中一位最好的朋友分享。當音樂一開始播放後，我就忍不住淚流滿面，完全停不下來。我試圖跟著唱，但激動到喘不過氣。歌詞因為滿溢出來的興奮與喜悅而卡在喉嚨裡。金牌掛在我的脖子上的感覺真是太美好了。我想起我爸和他的巨幅國旗。我真希望他能在現場親眼看到這一切。在頒獎臺上的這一刻不只屬於我，也屬於我周遭每一個人，以及把我和馬堤送到這裡的每一名團隊成員。蘭斯在我成功奪牌的過程中，扮演了如此重要的角色，還有我的母親、家人、朋友、教練，以及整個跳水隊。

之後，一陣旋風襲來，所有事都同時發生。攝影師、影片製作團隊，還有我們，都得參加記者會。到處都是攝影機與麥克風。我的電話響個不停，訊息也一直來。實在非常瘋狂。我盡可能試著有條理地說出金牌對我的意義，但真的很難以言語表達我的感受。

禁藥管制組織一直跟著我們，我填了許多表格，並在他們的監視之下，小解在杯子裡。當我回到選手村時，第一次能夠背離平常只吃雞肉、米飯與蔬菜的飲食規則。我大啖披薩與冰淇淋，感覺真是享受。

我給了馬堤一個我從英國帶來的奧運戒指。不論比賽當天我們表現如何，我都打算給他。二〇〇八年我第一次參加奧運後，我爸買了戒指給我，因為我年紀太小不能刺青，在跳水以外的時間，我都一直戴著這枚戒指。馬堤曾說要買一個給自己，我一直鼓勵他之後再買。他非常貼心，一直說他有多愛這枚戒指，而它會讓人一直想起我們之間的夥伴關係。

那個夜晚我躺在床上，發現自己根本睡不著，所以在晚上十一點半決定去吃冰棒。我回想自己從孩提時代就一直夢想著在奧運贏得金牌。也回想起二〇一八年時，我的傷甚至讓我無法在跳臺上助跑起跳，還經常把自己搞得腦震盪；回想起二〇一二年，那時我在轉體跳水動作上面臨了很大的困境。我知道我面對困難所做的一切都發揮了作用。我也對自己終於達成目標而感到極度寬慰。我曾經贏得許多其他比賽的冠軍，但直到贏得奧運金牌前，我幾乎覺得自己是個騙子。我很幸運，一直都有獲得贊助。其他奧運金牌得主並沒有得到相同的機會。我覺得那股被期待的壓力終於減輕了一些，我感受到很久沒有過的輕鬆感。

我回想起二〇二〇年疫情封城期間，蘭斯、羅比、我媽和我都待在公寓裡。我們幾乎足不出戶，但蘭斯和我每週會安排一個晚上做為約會之夜，我們會為對方做料理，並想出一個活動。我的其中一個點子是畫油畫：我們一共畫了三幅油畫，其中兩幅目前掛在我們的公寓裡，第三幅則醜到永遠不可能掛在牆上。羅比在第三幅畫上面揮了幾筆，蓋過原本的醜畫，某個約會之夜，蘭斯決定在這幅畫上寫下未來五年想要實現的目標。之後我們拿金箔覆蓋了整片畫布，遮住了我們所寫的內容，但每天看到這幅畫時都能提醒我們想要達成的目標。我的目標是以字母 O C 做為開頭的詞彙：奧運冠軍（Olympic Champion）。在雙人跳水比賽那天，我實現了我夢想的一切。

隔天我醒來時，感到一股平靜。我打包好行李，跟隊員道別，前往位於橫濱的暫時集訓營地，以遠離奧運選手村裡的超級活力與高亢情緒，這是我們的「逃脫計畫」。

珍留在選手村和其他跳水選手在一起，因為他們仍然在比賽中，但有一位跳水教練艾力克斯．羅吉斯（Alex Rochas）會待在營地。我做了一些跳水及重量訓練，並在需要時進行物理治療。我試著把待在營地的這段日子當作休息時間並維持身體的靈活度，這樣當我回歸參與個人賽事時就能立刻進入狀況。這也讓我有更多時間和朋友及家人聯絡感情，我盡可能把握每一次能和蘭斯、羅比、我媽說話的機會。

接下來幾天我都和艾力克斯一起訓練。我在慶應義塾大學泳池進行訓練，那裡只有五公尺跳板，校方請我在上面簽名，讓小朋友在訓練期間能看到。這讓我很開心。

我開始對個人賽事感到興奮。這是我職業生涯中第一次對自己實現的一切感到滿意，所以我的壓力減輕了。我可以用自己第一次參加奧運時那樣的心情去跳水。壓力就像是套在你腳上的鐐銬，會讓你步履蹣跚。我看到其他運動員犯錯；我非常同情他們，因為我對那感覺再熟悉不過了，我在里約奧運有過相同的經歷。拿到雙人跳水金牌，感覺那些枷鎖都脫落了。

回到選手村時，我到泳池邊觀看其中一場比賽，同時幫一個朋友的小狗織一件毛衣，我拿著棒針的照片在網路上瘋傳。我在ＩＧ上的編織帳號粉絲人數暴增。這感覺非常超現實，因為我只是坐在那裡，做一件我沒有跳水時或和家人在一起時會做的事情。我不太確定人們為什麼會覺得這很有趣——或許因為我是個男人？不論是什麼原因，我覺得非常有意思。我從未想過我會變成迷因，被編輯到不同照片裡，但同時，我喜歡人們考慮將編織變成嗜好的可能性。我完成了在奧運剛開始時就在織的英國圖案羊毛衫，感到十分自豪。我非常開心能用厲害的編織作品來擁護自己國家的國旗。

我人在橫濱的時候，我的大部分隊友都已搬離選手村，但我很開心能看到傑克．勞爾在三公尺跳板項目贏得銅牌。那是一場扣人心弦的比賽，因為許多參賽選手正在進行他們職業生涯的最後一場比賽，泳池邊大家都起立鼓掌。

在個人賽事中，從預賽到準決賽，我的跳水表現在這兩輪比賽中並不穩定，但足以讓我晉級到下一輪。尤其是在預賽時，我的表現如此不穩定，但仍位居第四名，感覺很不可思議，但我們都沒有做比賽模擬練習，這幾回合的比賽對每個人來說都像一場生存戰。任何一位跳水選手都知道，預賽與準決賽都只是要晉級的比賽，是我們要完成的任務，尤其今年更是如此。預賽一直都是困難的，因為比賽的時間很長，會讓人身心俱疲，這次的預賽長達三小時，所以我每半小時會跳水一次。幸運的是，我會編織，可以在完成跳水後，打個二十分鐘的毛線。這可以讓我暫時不去想著比賽。在我開始思考下一跳之前，能夠擁有短暫的寧靜時刻。我為攝影團隊其中一位成員的玩偶織了一條圍巾。我需要做一些不用算針數或努力思考該怎麼織的作品；我只要能夠保持專注就好。

有過里約奧運的經驗後，我完全知道準決賽可能會出現多麼糟糕的情況。在那兩天我已經排練了無數次：我要在什麼時間吃什麼東西；什麼時候找葛瑞來按摩；什麼時候好好地做一次冰浴；什麼時候做腿部加壓；在什麼時間補充什麼樣的體力恢復營養品。和里約奧運相比，我們練習時機的掌握時，雖不是全面性的練習，也是不遺餘力的。我必須盡可能在體力上做好準備。我知道自己已經盡全力做了準備，但我最終仍然要走出去跳水。再多的準備也不會帶來因奧運而產生的緊張感及大量分泌的腎上腺素。

要去泳池之前，我和羅比視訊。

「我為你穿上了我的拔拔T恤。拔拔，你要跳得很棒喔！」他笑著對我說，跳了一下，接著轉了一圈，向我展示他的特製黃色T恤，正面印著「湯姆戴利，二〇二〇東京」（Team Daley Tokyo 2020），背面則是他的名字。

他是這麼的可愛，那是一個讓我感到安定的時刻。我知道無論我表現如何，他都會愛我。

站在跳臺上，我知道自己不能做出任何愚蠢的事。我在第一跳時，雙手沒抓好，這讓我的雙臂非常疲累，所以在臂立跳水時，我很難維持整個身體的張力。我沒有在一開始就進入狀況，但經過幾次跳水後，沒有任何事情能阻止我。和前幾次奧運相比，我這次的得分非常低，但我再次以第四名晉級，落後俄羅斯選手亞歷山大・邦達爾，以及兩名中國選手楊健與曹緣。

這個階段的比賽結束後，我打電話給蘭斯，因為鬆了一口氣而開始大哭。這和里約奧運是截然不同的經驗。我克服了曾經壓得我喘不過氣的可怕心魔，進入了決賽。和五年前相比，我有了很大的進步。

準決賽和決賽中間只有幾小時的轉場時間。我在英國時，已經練習過如何在不同賽事之間移動，我找到了自己能有效利用那段轉場時間的方法；不像有些運動員會趕回選手村吃午餐，我從家裡帶了一個保冷盒，裡面裝著冰袋與夾鏈袋。我總是吃著同樣的鮪魚三明治和雞肉三明治。我知道自己該吃多少食物，以及我會有什麼反應。有了這個計畫，讓我感覺更安心。我還做了一些腿部加壓復健，並再次與蘭斯交談。

我知道決賽裡的競爭會非常激烈。準決賽後，我處在一個非常好的位置，可以給邦達爾及兩位中國選手壓力，我仍然活躍在比賽中，評審知道我們都是最優秀的晉級選手。一切都有條不紊地進行著。

站在跳臺上準備做第一跳時，我往下看並想著：「哇！就是這個。我正在奧運比賽中跳水。不僅如此，這是我第四次參加奧運，而我已經有三面獎牌了。我要好好享受這場比賽。」

我相信自己的訓練與準備。珍的反應是我認識她以來最冷靜的時刻。她能看出我已經竭盡所能來到這個階段，並努力做得正確。我知道如果我能保持樂觀，就可以做到能力所及的一切。

我的第一跳得到九．五和十分，感覺有點不真實，並且我在第二跳一躍成為領先者。在這場比賽裡，每一跳中間我都沒有時間編織。在暖身及準備前，我只需要等兩位選手跳完。我專注於調整呼吸，所以我的心率一直沒有過高。

一直到我的第四跳——臂立跳水——我開始感受到前幾輪的失誤所帶來的壓力，我盡可能地運用所有的腎上腺素來讓自己堅持下去；我掉了幾分，但我的總分還是很高。我一直都知道，我和中國選手及邦達爾會脫離其他選手，在計分板上的領先位置形成競爭，所以我預期會有獎牌的爭奪。當我和曹緣、楊健與邦達爾之間的分數差距拉開時，我很清楚自己所處的位置，並且對於自己非常接近第一名感到安心，但我也知道，只要一次失誤就會讓我失去獎牌。我必須奮力一搏以追上中國選手。

來到我的最後一跳時，三圈半後空翻屈體，我把最後的每一分力氣與專注力都傾注在最後的起跳上。當我從水裡爬出來時，感受到一股巨大的榮耀與喜悅。我擁抱珍，並深吸一口氣。我贏得了銅牌，這是我的第四面奧運獎牌。看著曹緣與楊健在我之後跳水並贏得獎牌，曹緣創造了歷史，成為第一個在奧運三個不同競賽項目贏得金牌的跳水選手，這是非常驚人的成就。他們是一支勢不可擋的隊伍，而且分數超高。但不論任何其他人做到了什麼，我知道如果這是我最後一次跳水，我會非常開心，那麼我將對自己所達成的一切感到開心與自豪。

＊＊＊

站在頒獎臺領取獎牌時，我回顧了自己是如何將整個生命投入到跳水，以及身邊這麼多人是如何奉獻自己去幫助我贏得這些奧運獎牌。我幾乎無法理解，有多少人對我的生命、職業生涯和成為一名奧運選手的過程產生了影響。從我的每一位家人和教練，到我家附近咖啡館裡的咖啡師，或是買菜時和我打招呼的人們。就像一幅拼圖，我在中間，數百片不同大小的拼圖小心翼翼地被放在我周圍，將我連在一起。我非常感激這一大群支持者。

獎牌牢牢地掛在我脖子上，儘管感受到金屬的重量向下拉，但沉重感開始從我的肩上消失。

隨之而來的就是印象模糊的採訪、無數的攝影機、麥克風與藥物測試。我和諾亞・威廉斯（也參加個人競賽項目）是唯一留在東京的英國跳水選手。英國隊領隊馬克・英格蘭（Mark England）在我們的公寓裡放了一瓶香檳，我們去教練的房間開香檳，和珍、葛瑞及其他教練乾杯。之後我們和其他跳水選手一起狂歡整夜。我不知道何時才能再見到他們。我實在是累壞了，原本打算上床睡覺，但我知道自己多年後回想起來時，會問自己為何沒有好好慶祝在奧運中得到兩面獎牌。我決定先不去想隔天早上的可怕宿醉。我們玩得很開心，但看到日出後，我只得打包行李準備回家。原本他們打算讓我待到閉幕典禮結束再離開，但工作人員非常想讓運動員盡快返家。隔天我坐在經濟艙裡，有一名空服員走了過來。

「您的登機證印錯了。」他眨了眨眼睛對我說。21A的號碼被劃掉，改成了1A。我被升等了。坐上位子後，我立刻昏睡了過去。

我所有的朋友都在希斯洛機場等著我，他們還安排了一輛裝飾著英國國旗和氣球的迷你廂型車要載我回家。他們租了一棟房子一起看比賽，這樣他們就能整夜不睡地聚在一起，結果整個週末都沒睡又狂灌酒，所以我認為他們其實很開心我很累又宿醉。我們在回去的路上狂歡了一會，但抵達後，我們叫了印度料理外送，早早就上床休息了。我還有很多期待的事：我等不及要見剛出生的姪女麥拉（Myla），他是我弟弟的女兒，而且大約一週後就能和藍斯與羅比團聚。

我未來的計畫是什麼呢？我會花一整年的時間好好休息。之後的巴黎奧運會有一個新的競賽項目——混合雙人同步跳水，是我非常想參加的比賽——這是可以考慮的事情，但我一點都不急著做決定。我一直都想在巔峰狀態退休。我從來不想像某些運動員一樣，聲稱他們已經退休，但在一年半後回到場上，只因為太想念這樣的日子。在接下來的一年裡，我知道我會更清楚自己想過什麼樣的生活。在終於拿到畢生追求的獎牌後，我就能規畫自己的未來，或許訂定一些新目標，我會好好利用自己所學到的一切。但家庭永遠是我的第一順位。

當我告訴羅比我又贏得另一面奧運獎牌時，他說：「爸爸，你什麼時候會回來看我？」

這句話已經說明了一切。愛是無敵的。

Acknowledgements

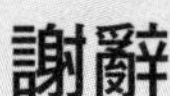

非常感謝喬治娜（Georgina Rogers）掌握了我想說的話，老實說，還充當了某種形式的治療師！

謝謝麗莎（Lisa Milton）與HQ出版的整個團隊，我覺得自己是和全方位又厲害的出版社合作。還有我超棒的編輯，柔伊（Zoe Berville）和阿比蓋爾（Abigail Le Marquand-Brown），以及喬吉娜（Georgina Green）、哈里特（Harriet Williams）、凱莉（Kelly Webster）、麗貝卡（Rebecca Fortuin）、喬（Joe Thomas）、道恩（Dawn Burnett）、凱特（Kate Oakley）、哈勒瑪（Halema Begum）。

感謝YMU團隊的艾利克斯（Alex McGuire）、霍莉（Holly Bott）和阿曼達（Amanda Harris），謝謝你們在每個階段都堅定不移地支持我。

謝謝Carver公關公司的梅根（Megan Carver）和雅各（Jacob Beecham）令人佩服的專業度與支援。

感謝珍，在我過去這幾年的跳水生涯中一直陪伴著我。感謝安迪讓我在起步的階段能受到李鵬教練的協助。當然還要特別感謝我的雙人跳水搭檔馬堤，我們一起圓夢了！

感謝我的母親與家人，是你們幫助我實現了夢想。我真的非常感激你們。

感謝蘇菲、連恩、喬、莉亞、湯姆與賽門，能擁有你們的友誼，夫復何求！感謝你們如此理解運動員的生活。

感謝爸爸為我所做的一切。我永遠不會停止愛你、想念你、紀念你。永遠。

感謝蘭斯和羅比，感謝你們的一切。你們每天激勵著我，也是我持續跳水的原因。你們是我存在的理由。我愛你們。

1.6 秒決勝奧運金牌：跳水王子湯姆・戴利的彩虹人生／湯姆・戴利（Tom Daley）作／張小蘋　譯一一版 .-- 臺北市：時報文化，2023.8；336 面；14.8×21×2 公分 .--（PEOPLE；492）｜譯自：COMING UP FOR AIR：WHAT I LEARNED FROM SPORT, FAME AND FATHERHOOD ｜ ISBN 978-626-353-691-3（平裝）｜ 1. 戴利（Daley, Tom, 1994-）2. 運動員 3. 跳水 4. 自傳｜ 784.18 ｜ 112004357

COMING UP FOR AIR：WHAT I LEARNED FROM SPORT, FAME AND FATHERHOOD by TOM DALEY

ISBN：978-626-353-691-3
Printed in Taiwan

1.6秒決勝奧運金牌

跳水王子
湯姆·戴利
的彩虹人生

COMING UP FOR AIR

What I Learned From Sport, Fame And Fatherhood

作　　者　湯姆．戴利（Tom Daley）
譯　　者　張小蘋
主　　編　湯宗勳
特約編輯　文雅
美術設計　陳恩安
企　　劃　鄭家謙

董事長：趙政岷｜出版者：時報文化出版企業股份有限公司／108019 台北市和平西路三段 240 號 1-7 樓｜發行專線：02-2306-6842 ｜讀者服務專線：0800-231-705；02-2304-7103 ｜讀者服務傳真：02-2304-6858 ｜郵撥：1934-4724 時報文化出版公司／信箱：10899 台北華江橋郵局第 99 信箱｜時報悅讀網：www.readingtimes.com.tw ｜電子郵箱：new@readingtimes.com.tw ｜法律顧問：理律法律事務所／陳長文律師、李念祖律師｜印刷：勁達印刷有限公司｜一版一刷：2023 年 9 月 1 日｜定價：新台幣 450 元

時報文化出版公司成立於一九七五年，並於一九九九年股票上櫃公開發行，於二〇〇八年脫離中時集團非屬旺中，以「尊重智慧與創意的文化事業」為信念。

PEOPLE 492